경봉스님 일화집
뭐가 그리 바쁘노

김현준 엮음

효림

뭐가 그리 바쁘노(경봉스님 일화집)

엮은이 김현준
펴낸이 김연지
펴낸곳 효림출판사
편 집 강효재

초 판 1쇄 펴낸날 2022년 6월 25일
       3쇄 펴낸날 2023년 7월 27일

등록일 1992년 1월 13일 (제2-1305호)
주 소 서울특별시 서초구 반포대로14길 30, 907호 (서초동, 센츄리Ⅰ)
전 화 02-582-6612, 587-6612
팩 스 02-586-9078
이메일 hyorim@nate.com

ⓒ 효림출판사 2022
ISBN 979-11-87508-77-9(03220)

값 5,000원

잘못 만들어진 책은 바꿔 드립니다.
이 책은 저작권법에 따라 보호를 받는 저작물이므로 무단전재와 무단복제를 금지합니다.

차 례

序. 한바탕의 멋진 연극 … 13

I. 세속에서 찾아오는 이들에게

- 사통팔달四通八達 … 23
- 밥 먹었나 … 25
- 스님은 봄바람 … 27
- 참을 인忍자 셋을 품어라 … 28
- 영도다리 밑에 가서 물어라 … 30
- 지혜로써 적절한 답을 … 32
- 김 씨냐? 김가냐? … 33
- 숫돌 … 34
- 성공하고 싶거든 … 35

# 차 례

II. 삶! 이렇게 살아라

- 둥글게, 물 흐르듯이 살아라 … 39
- 니, 차 몇 잔 마셨노 … 40
- 뭐가 그리 바쁘노 … 41
- 돌종 소리를 가져오너라 … 43
- 입 구口자 구도회가? 구할 구求자 구도회가? … 44
- 군인의 경례와 도인의 경례 … 45
- 내 목소리도 찍어라 … 47
- 원한 갖는 귀신 없도록 … 48
- 노래하는 꾀꼬리를 찾아라 … 50
- 고무줄이나 용수철처럼 … 53

차 례

Ⅲ. 좌절에 빠진 이들에게

- 낙엽의 법문 … 59
- 근심걱정은 도움이 안 된다 … 61
- 죽기 전에 그때 생각을 하여라 … 63
- 정신만 차리면 돼 … 65
- 사람 살리는 글씨 … 67
- 기도해라 … 69
- 판을 벌이려면 장구부터 배워라 … 71
- 신발 거꾸로 신은 사람에게 잘하면 … 73

차례

Ⅳ. 일상 속의 스님 모습
- 노년의 스님 일과 … 77
- 동자승과 함께하면 … 79
- 꼬마들과의 줄다리기 … 80
- 사심만 없으면 불사는 꼭 이루어진다 … 82
- 꼭 같은 송차를 다 같이 … 85
- 도인도 성을 냅니까? … 86
- 『법해』가 출간되던 날 … 88
- 나는 경봉이다 … 90
- 나는 쉬고 있는 중 … 91

차 례

V. 제자·시자들과 함께
- 내 탓이다 … 95
- 오늘은 바람이 안 불었나? … 97
- 꿀밤 … 99
- 잠 속 불공 … 101
- 큰스님 … 102
- 향성香聲 … 103
- 재무 너무 오래 하지 마라 … 105
- 공과 사를 분명히 … 107
- 자상한 할아버지 … 110
- 예절교육 … 111
- 딴사람이 알아준들 뭐할 것고? … 113

 차 례

Ⅵ. 수좌야 알거라

- 하늘의 운치를 느낄 줄 알아야지 … 117
- 쥐가 뒤주를 뚫듯이 … 118
- 어떻게 언제까지 힘쓸 건가 … 120
- 수행자는 물과 같이 … 121
- 견성의 참뜻 … 123
- 죽는다는 말 취소해라 … 124
- 그대가 새로운 여래 … 125
- 밥값 했느냐 … 126

차 례

Ⅶ. 극락암에서

- 그냥 놔둬라, 화장찰해다 … 129
- 삼소굴의 의미 … 131
- 호국선원 수좌 경책 … 133
- 일상 속의 수좌 지도 … 136
- 큰비 온 날과 다음 날의 바다 … 138
- 살아있는 부처가 먼저 먹어야지 … 141
- 극락선원 망년회 … 144
- 불이 난 극락암 … 146
- 수박 사건 … 148
- 극락암 정기법회 … 150
- 나를 떠나는 아리랑 … 153
- 칭찬 … 154
- 휴급소와 해우소 … 155

차례

VIII. 앞일에 대한 예지·예언

- 불교회관을 대웅전보다 높이 짓지 말게 … 159
- 큰 불사를 할 때 내 글씨가 필요할 거야 … 161
- 불공 두 번에 사라진 뇌종양 … 163
- 3일 후에 갈란다 … 165
- 죽은 뒤의 놀랄 일 … 168

- 맺는 말 … 172

序

한바탕의 멋진 연극

이 시대 최고의 도인으로 추앙받고 있는 경봉스님의 일화집을 내기 위해, 2020년 말부터 경봉문도회의 도움 속에서 작업을 하여 원고를 완성시켰습니다. 그리고 스님 탄생 130주년과 열반 40주년이 되는 2022년에 책을 낼 계획을 세웠는데, 문득 「법공양」 구독 불자들에게 중요한 일화를 발췌하여 소개하면 삶에 도움이 되지 않을까?' 하는 생각이 들어, 2021년 11월부터 9개월에 걸쳐 연재하면서 내용을 깊이 깊이 음미하였습니다.

이제 한 권의 책으로 묶어 세상에 내어놓으니, 도인스님의 일화를 바라보면서 스스로를 잘 돌아보시기를 두손 모아 권청해 봅니다.

아울러 경봉스님께서 모든 이에게 언제나 강조하신 '한바탕의 멋진 연극'이라는 법문으로 일화집의 머리말을 대신합니다.

序

"우리가 살고 있는 이 세계를 불교에서는 사바세계娑婆世界라고 하는데, 인도말 '사바'를 한문으로 풀면 '감인堪忍'과 '회잡會雜'이 된다. 지금 우리가 살고 있는 이곳이 참지 않고서는 살아갈 수 없는 감인세계堪忍世界요, 잡된 것이 뒤죽박죽 얽혀 있는 회잡會雜의 세계라는 것이다.

그러므로 어느 누구도 사바세계에 태어난 이상에는 아무리 큰 복을 누릴지라도 잡된 일로 시달리기 마련이요, 인내하면서 살아갈 수밖에 없다는 것을 알아야 한다.

모름지기 이 세계에서 고뇌하고 방황하는 이들은 사바를 활동의 무대로 삼아 삶의 활로活路를 찾아야 한다. 그래서 나는 사람들에게 늘 당부하고 있다.

'사바세계를 무대로 삼아 연극 한바탕 멋있게 잘해야 한다.'

그럼 어떻게 해야 사바세계를 무대로 삼아 한바탕의 연극을 멋있게 하는 것인가? 춤추고 노래 부르고, 맛있는 음식으로 배를 채우면서 술 마시고 뛰어노는 것이 멋있게 사는 것인가?

아니다.
비극의 배역을 맡은 명배우는 마음속의 잡된 생각을 모두 비우고, 눈짓 몸짓 그 마음까지도 송두리째 슬픔이 되어 연기를 한다. 그저 우는 체하는 것이 아니다. 그냥 슬픔 그 자체가 되어 눈물을 짓는다. 그렇게 되면 관객들은 따라서 눈물을 흘리고 갈채를 보낸다.
사바에 사는 우리에게도 어디에서나 어느 때에나 배역이 주어진다.

이 시간과 공간 속에서 누구나 다 주연의 배역을 맡아 살고 있는 것이다. 우리가 그 배역을 온몸으로 소화시킬 때 우리의 연극은 멋으로 연결된다.

그러나 우리의 연기는 배역을 이탈할 때가 많고, 이탈하는 그때부터 가슴 아프고 머리가 아프다며 아우성이다.

무엇 때문에 가슴이 아프고 머리가 아픈가?
그 까닭이 매우 복잡한 듯하지만, '물질 아니면 사람' 때문이다. 물질과 사람 때문에 가슴 아프고, 머리 아프고, 심장과 간장 등에 열이 차는 병에 걸린다. 물질에 대한 애착, 사람에 대한 지나친 갈망, 사랑과 미움 때문에 병에 걸리는 것이다.

이 사바세계에 나올 때 머리 아프고 가슴 아프려고 나온 이가 있겠는가? 빈몸 빈손으로 옷까지 훨

훨 벗고 나왔는데, 물질과 사람에 대한 애착과 망상으로 모든 근심 걱정을 만들어내고 괴로움을 받기 시작한다.

물질과 사람에 대한 집착을 버리고, 진실대로 자기 정성대로 노력하기만 하면 세상은 될 만큼 되는데, 진실도 정성도 모두 놓아버리고 망상이라는 도둑놈에게 붙잡혀 있으니, 어떻게 근심 걱정을 하지 않을 수가 있겠는가?

기껏 살아봐야 백 년도 못 사는 인생. 인생은 연극이요 이 세상은 연극무대가 아니더냐!

기왕 세상에 나왔으니 근심 걱정 내려놓고 연극하듯이 살아라. 좀 근심되고 걱정되는 일이 있더라도 다 털어버리고, 언제나 쾌활하고 낙관적인 기분으로 활기찬 생활을 해야 한다.

여태껏 생활해 온 모든 사고방식과 생활 관념에

잘못이 있으면 텅 비워버려라. 물질과 사람에 대한 집착을 버리고, 산 정신으로 활발하고 진실되게 살아가야 한다.

참 생명을 찾을 수 있는 산 정신으로, 이 사바세계를 무대로 삼아 연극 한바탕 멋있게 하기 바란다."

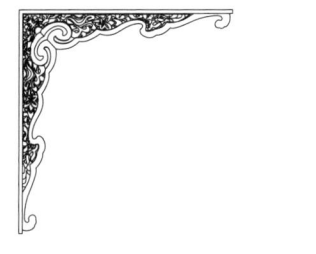

I

세속에서 찾아오는 이들에게

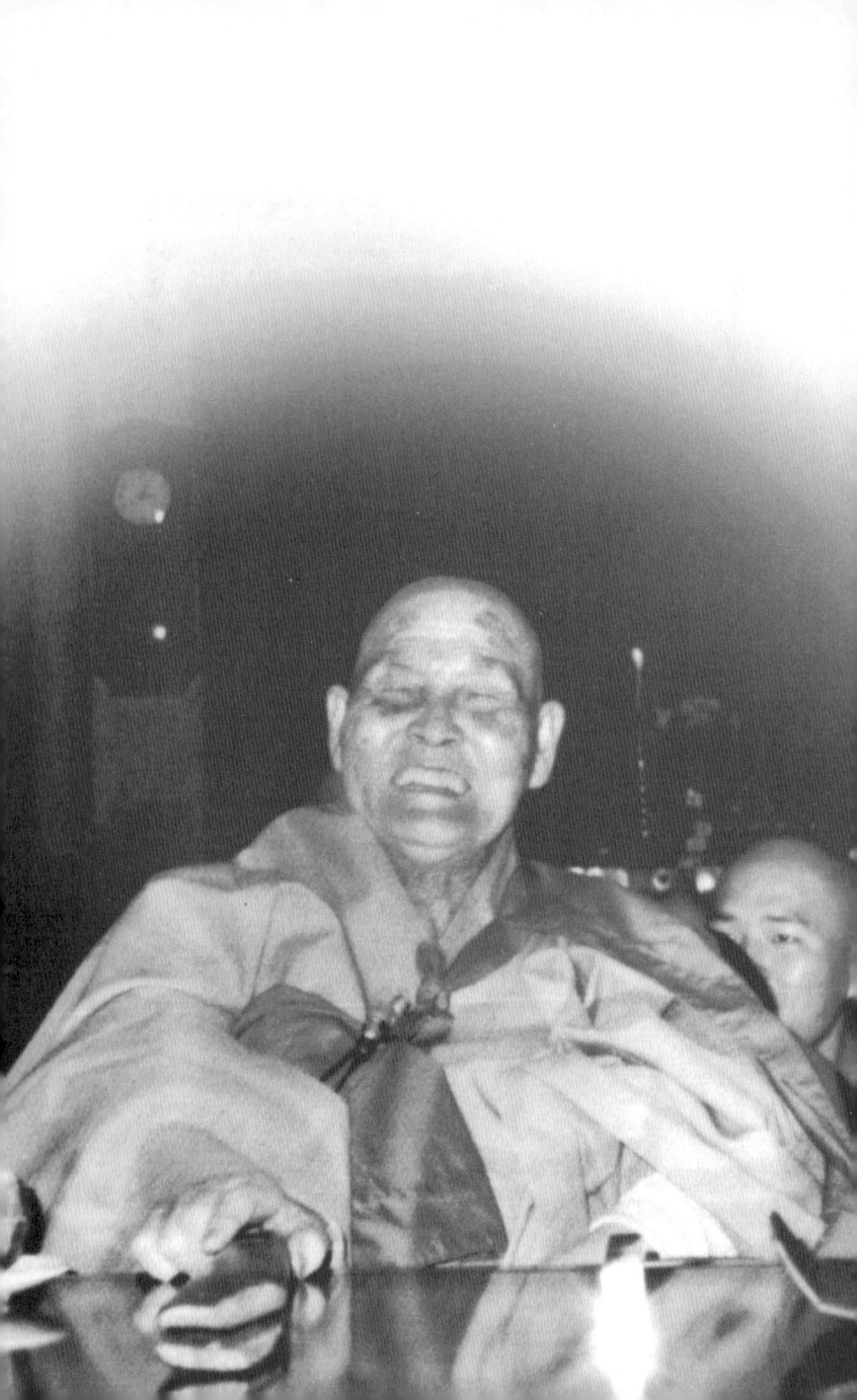

사통팔달四通八達

 경봉스님께서 거처하는 극락암 삼소굴 앞쪽에는 오래전에 선실禪室로 사용했던 약간 큰 방이 있었는데(지금은 없음), 찾아오는 대부분의 사람을 스님께서는 이 방에서 맞이했다.

 흔히 '큰스님'으로 알려지면 만나는 절차가 복잡하고, 만난다 하더라도 무엇인지 모를 거리감 속에서 한 집안의 식구와 같은 대화는 엄두도 내지 못하기 마련이다. 그러나 스님은 누가 와도 만나 주셨고 적절한 설법을 들려주셨다.

 지금은 없어진 삼소굴 앞의 그 방에는 앞뒤로 네 개의 문이 있고, 문 앞쪽으로 쪽마루가 붙어 있었는데, 스님께서 앞에 찾아온 방문자에게 법문을 해 주시면, 뒤에 도착한 방문자는 방문 밖의 툇마루에 앉아서 법문을 들을 수 있었다.

 스님의 법문이 사통팔달四通八達이요, 그 방이 사통팔달이요, 듣는 사람의 마음도 사통팔달이 되어 법문을 깊이깊이 받아들였다.

 그리고 그 속에는 큰스님과 신도라는 격식보다는, 할아버지의 옛날이야기를 듣는 한동네 사람들의 모임과 같은 푸근함과 정겨움이 있었다. 웃음과 자유로움 속에서 나누는 설법과 청법이지만, 스님의 한 말씀 한 말씀에는 언제나 날카로운 선지禪旨가 감추어져 있었다.

밥 먹었나

스님께서는 찾아온 이들에게 자주 물었다.
"밥 먹었나?"
"안 먹었습니다."
"공양간에 가서 밥부터 먹어라."

스님께서는 이르셨다.
"내가 '밥 먹었나?' 하는 것은 진리의 밥을 먹었는가를 묻는 질문이다. 그런데 내 의중을 모르니 '그냥 안 먹었다'고 답한다. '안 먹었다'고 하니 '공양간에 가서 밥부터 먹어라'고 할 수밖에는."

때로는 '밥을 먹고 왔다'고 하면서 곧바로 자신의 문제를 되묻는 이들이 있다.

"어떻게 하면 공부를 잘 할 수 있습니까?"
"밥 잘 먹을 줄 알면 된다."
"어떻게 하면 성공을 할 수 있습니까?"
"밥 잘 먹을 줄 알면 된다."

※ 밥 잘 먹을 줄 알면 공부 잘 할 수 있고 성공할 수 있다는 말씀. 과연 어떻게 먹어야 밥을 잘 먹는 것인가?

스님은 봄바람

 스님께서는 승려든 속인이든 누구에게나 훈훈하고 기쁜 얼굴로 대해 주셨다. 그리고 자주 찾는 이가 오면 늘 말씀하셨다.
 "얼굴이 환해졌다. 아주 좋아졌구나."
 사람들에게 한결같이 이렇게 이야기하는 것을 이상하게 여긴 한 승려가 물었다.
 "스님, 아까 온 신도는 얼굴이 노란 것이 틀림없는 병자인데, 왜 '좋아졌다'고 하셨습니까?"
 "그래야 사람들이 좋아하고 마음을 편히 갖는다. 내가 '어디 아프나? 얼굴이 와 그리 되었노?' 해봐라. 그 사람은 어떻겠느냐? 가슴이 털컥 내려앉고 몸이 더 안 좋아진다.
 춘풍春風, 따스한 봄바람처럼 사람의 마음을 편안하게 해주어야 한다. 알겠느냐?"

참을 인忍자 셋을 품어라

"참을 인忍자 세 개를 가슴에 품고 살아라."

이는 찾아오는 재가불자들에게 스님께서 가장 많이 하신 말씀 중의 하나이다.
이 말씀을 궁금하게 여긴 이가 여쭈었다.
"스님께서는 왜 찾아오는 이들에게 참을 인자 하나가 아니라 세 개를 품고 살라고 하십니까?"

"봐라, 사람들은 성질이 급하고 고집이 세고 신경질이 많다.
대부분이 그렇게 살지, 그렇지 않은 사람이 드물다. 그런 사람들 속에서 잘 살려면 어찌해야 하겠느냐? 참을 수밖에 없다.
급한 성질을 참고, 센 고집을 참고, 치솟아 오르

는 신경질을 참으며 살아야 한다.

그래서 참을 인자 세 개를 가슴에 담고 살라는 것이다."

"또 하나는, 대부분의 사람들이 급한 성질에 빠져서 살고, 고집을 부리면서 살고, 신경질을 뿜어내면서 살고 있는데, 참을 인자 세 개를 품어야만 이러한 자신을 다스릴 수 있기 때문이다."

영도다리 밑에 가서 물어라

'도인스님이면 무엇이든 알 것이다. 자비로운 스님께 답답한 일에 대해 물으면 명쾌한 답을 해주시리라.'

이렇게 생각하며 찾아온 사람들은 스님께 자주 여쭈었다.

"스님, 우리 아이가 이번에 합격할 수 있을까요?"

"저희가 이 사업을 하면 성공하겠습니까?"

이들 질문에 경봉스님은 껄껄 웃으며 이르셨다.

"그런 것은 부산 영도다리 밑에 가서 물어라. 거기 가면 점 잘 보는 이들이 많은데, 와 이 극락까지 왔느냐?"

부산에서 온 사람에게는 영도다리 밑, 서울에서 온 사람에게는 남산 밑과 미아리고개, 대구에서 온 사람에게는 달성공원 앞으로 가라고 하셨다. 스님 생존 시에 점집이 많았던 그곳으로 가서 물으라고 하신 것이다.

그리고는 분명히 일러주셨다.
"미래를 점치거나 운명을 미리 알려고 하는 것에다가 헛된 노력을 쏟지 말아라. 사람들의 갈등과 회의는 대부분 바른 마음을 가지지 못하는 데서 비롯된다. 바른 법을 따르면서 길을 찾으면 나아가야 할 앞길이 보이고, 반드시 잘되게 되어 있다. 정법正法과 정도正道. 이것이 미래를 참되게 개척하는 방법이다."

※ 미래의 행복과 불행에 대한 중생의 집착은 오히려 현실의 미혹만 더 부채질한다는 것을 깨우쳐주신 스님의 말씀. 오늘날 점집을 좋아하는 불자들이 꼭 새겨야 할 가르침이다.

지혜로써 적절한 답을

스님께서는 누가 무슨 이야기를 하든 다 들어주셨다. 정치인의 정치 이야기, 장사하는 사람의 장사 이야기, 사업하는 이의 사업 이야기, 살림하는 주부의 가정 이야기 등등….

그리고는 그에 맞는 적절한 답을 주셨다.

이를 기이하게 여긴 한 승려가 스님께 여쭈었다.

"스님, 뭐가 보이십니까?"

"와(왜)?"

"직접 본 것도 아닌데 어찌 그리도 잘 알고 적절한 답을 주십니까?"

"정진을 많이 해서 지혜가 밝아지면 너도 맞는 답을 줄 수 있다."

김 씨냐? 김가냐?

 스님은 사소한 예절도 즐겨 일러주셨는데, 찾아오는 속인들에게 자주 물으셨다.

"니 성이 뭐꼬?"

"경주 김씨입니다."

"경주 김씨?"

"예."

"치아라. 경주 김씨가 뭐꼬? '씨' 자는 상대가 너를 높여줄 때 붙이는 것이다."

"그럼?"

"스스로를 낮추어서 '경주 김가입니다.' 해야지."

"예, 스님. 앞으로 고치겠습니다."

"그래, 그래야지. 하하."

숫돌

스님께서는 자신의 수행에는 마음을 쓰지 않고 사교나 명예 등의 바깥일에 열정을 쏟는 사람이 찾아오면 묵묵히 보고 있다가 한 말씀을 던지셨다.

"숫돌과 같이 사는구나."
"예? 숫돌은 좋은 것 아닙니까?"
"얼핏 보면 숫돌 같은 삶이 좋은 듯하지마는, 숫돌에는 김 서방이 와서 칼을 갈아 가고, 박 서방이 와서 낫을 갈아 간다. 그들이 갈아 간 칼과 낫은 날카롭게 번쩍이지마는, 숫돌은 결국 다 닳아서 쓸모가 없게 된다. 숫돌처럼만 살지 말고, 자신의 마음을 갈고 닦으면서 살아가야 한다."

성공하고 싶거든

스님께서는 성공을 원하는 이들에게 일러주셨다.

"어떤 일을 하려고 마음을 먹었으면 거기에 목숨을 걸어야 한다. 그래야 무엇인가 이루어진다.
10년을 해야 그 일에 대한 가닥을 잡을 수 있고, 20년을 하면 전문가가 된다."

"꼭 명심해라. 종일토록 남의 보배를 세어 본들 반 푼어치의 가치도 없다〔終日數他寶 自無半分錢〕."

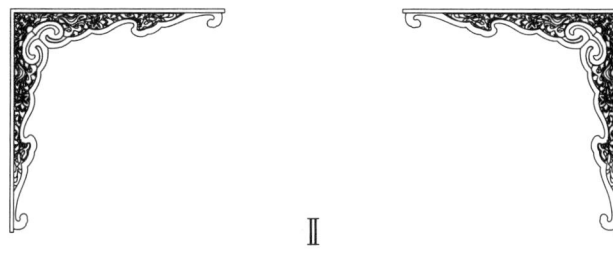

Ⅱ

삶! 이렇게 살아라

둥글게, 물 흐르듯이 살아라

스님께서는 명문대학 출신이나 이름을 날리거나 출세한 이들에게 자주 이르셨다.

"잘난 체하지 마라. 스스로를 똑똑하다고 생각하면 안 된다."
"이성적인 삶보다 자비심을 품고 살아야 한다."
"어려움이 닥칠 때 눈앞 일에만 빠져들지 말고 깊이 있게 생각할 줄 알아야 한다."
그리고 손으로 둥근 원을 그리면서 일러주셨다.
"모나게 살지 마라. 둥글게, 물 흐르듯이 살아라."

※ 둥글게 물 흐르듯이! 이 얼마나 멋진 삶의 화두인가.

니, 차 몇 잔 마셨노

 다도로 일가견을 이룬 처사가 스님을 찾아와서 배운 차에 대한 지식을 자랑스럽게 말씀드렸다. 스님께서는 한참 동안을 말없이 듣고 있다가 한마디를 툭 내뱉으셨다.
 "니, 차 몇 잔 마셨노?"
 이 말씀이 평생을 차와 함께 살았다고 자부를 해왔던 처사에게 화두가 되었다.

 ※ "차 몇 잔 마셨노?"
　아무런 번뇌 없이, 차 맛에 몰두하며 마신 차가 몇 잔일까?

뭐가 그리 바쁘노

스님께서는 '일본인들이 연구한 불교에 너무 의존하고 있는 한국불교학을 바로 세운 인물로, 불교학자인 이기영·서경수 교수 등을 꼽았는데, 1974년 겨울에 이기영(1922~1996) 교수가 스님을 찾아와서 절을 하며 말씀드렸다.

"바빠 사느라, 자주 찾아뵙지 못해 죄송합니다."

스님께서는 교수를 지긋이 쳐다본 다음 물었다.

"뭐가 그리 바쁘노?"

이 한마디에 큰 충격을 받은 이기영 교수는 서울로 돌아가 제자들에게 말하였다.

"내가 바빴던 것이 무엇인가? 너희도 알다시피 써달라는 글 쓰고 여기저기 다니면서 강연을 하느라, '바쁘고 힘들게 산다'고 생각해왔던 것이었다.

경봉스님 말씀을 듣고 보니 '그 일들이 내가 꼭 해야 할 일이요 바쁜 일이었던가?' 싶더구나. 너희들은 그렇게 살지 말아라."

그리고 스님들에 대해 칭찬을 잘 하지 않았던 이기영 교수였지만, 강의 도중에 늘 경봉스님에 대해 극찬을 하였다.
"나는 처음 범어·한자·일본어 등 문자로 표기된 불교와 서양말로 된 불교를 익혀 이곳저곳에서 불교를 가르쳤다. 그런데 경봉스님께서는 마음을 다스리고 마음공부를 해서 깨우치는 불교를 가르쳐 주셨다. 정말 대단한 분이요 무애자재하신 도인이시다."

돌종 소리를 가져오너라

통도사에서 대학생불교연합회 회원들이 일주일 수련대회를 개최할 때, 스님께서는 금강계단의 석종형사리탑(돌로 만든 종 모양의 사리탑)을 두고 법문을 하셨다.

"범종각의 범종 소리는 온 골짜기를 울리지만, 이 돌종은 소리가 없다. 더 정확히 이야기하면, 소리가 없는 것이 아니라 여러분들이 들을 귀를 갖추지 못해 못 듣고 있다. 며칠이지만 열심히 수련해서, 저 돌종 소리를 나에게 가져오기 바란다. 돌종의 소리가 어떠한지를?"

입 구口자 구도회가? 구할 구求자 구도회가?

구도회라는 불교단체에서 찾아오자 스님께서 물었다.
"어디서 왔느냐?"
"구도회求道會에서 왔습니다."
"구도회가 입 구口자 구도회가?
구할 구求자 구도회가?"
"……."

※ 구할 구자 구도회인 줄을 당연히 알고 계신 스님께서 이 질문을 던진 까닭은?

군인의 경례와 도인의 경례

1970년대 초, 육군사관학교 생도 30여 명이 극락암으로 경봉스님을 뵈러 가면서 논의를 했다.

"스님이 과연 도인일까 아닐까? 우리 모두 일제히 구호를 붙이면서 경례를 하여, 스님의 반응을 보고 판단하자."

생도들은 삼소굴 마루 앞에 정렬을 하고 있다가, 스님께서 나타나자 삼소굴이 떠나갈 정도로 크게 '통일!'이라는 구호를 외치며 거수경례를 했다.

이에 스님께서는 생도들 앞에 서서, 오른손을 코에 살짝 대고 내리셨다.

"이것이 도인의 경례다. 비조鼻祖 인사법."

이어 스님께서 이르셨다.

"비조는 코를 가리키는데, 숨구멍인 코가 생명 있

는 모든 존재의 참된 조상이라는 것을 알려주는 인사법이다.

우리 인간의 시조始祖를 달리 '코 비鼻'자를 써서 비조鼻祖라고 한다. 왜 비조하고 하는가? 우리 몸에 있는 눈·귀·코·입 등의 여러 구멍 중에서 코가 이 몸을 살아있게 하는 가장 중요한 기관이기 때문이다.

바꾸어 말하면 비조는 주인공이다. 우리는 우리의 진짜 시조인 주인공을 찾아야 한다. 그리고 주인공을 찾으려면 '시심마是甚摩(이 무엇고)' 화두를 하여야 한다."

이어 육사생도들은 남자와 코에 대한 이야기, 코가 잘생겨야 출세를 한다는 등의 재미있는 이야기를 들으며 스님께 흠뻑 빠져들었고, 서로 '진짜 도인스님'이라며 찬탄해 마지않았다.

내 목소리도 찍어라

스님께서는 행사 뒤에 기념 촬영을 하거나, 사람들이 사진을 찍자고 하면 자주 말씀하셨다.

"내 얼굴만 찍지 말고, 내 목소리도 찍어라."
"겉모습 말고, 안 보이는 속 모습도 찍을 수 있겠느냐?"

원한 갖는 귀신 없도록

어느 날 여러 사람이 모이는 행사에 참석한 스님께서 옆 사람에게 물었다.
"자네, 의사지?"
"예, 그렇습니다."
"의사를 한 지 얼마 안 되었군."
"맞습니다. 어떻게 그것을 아십니까?"
궁금해하는 의사에게 경봉스님께서 이르셨다.

"의사를 오래 하다 보면 살아날 수 있었는데 의사 때문에 죽었다며 원한을 품은 귀신들이 더러 따라다닌다. 평소에는 그 귀신들이 의사를 해롭게 하지 못하지만, 의사의 생각이 샛되고 힘이 부족해지면 따라다니던 귀신이 해를 끼친다. 자네한테는 귀신이 안 따라다니는 것을 보니, 의사 노릇 한 지 얼마 안 되었나 보지?"

 이런 말씀을 종종 해서인지 '경봉스님께서 귀신을 본다'는 소문이 파다하였다.
 그러나 스님의 참뜻은 '귀신'에 있지 않았다. 의사들에게 병을 고칠 수 있는데도 방치하여 죽은 환자가 없도록 힘을 다하라고 일깨워 주기 위해 이와 같은 말씀을 해주셨던 것이다.
 아울러 판사·검사·경찰관·공무원 등 공직에 있거나 권력과 재력을 가진 이들에게도 억울하게 누명을 쓰고 죽거나, 나 몰라라 방치하여 피해를 보는 사람이 없도록 늘 주의 깊게 살필 것을 일러주셨다.

노래하는 꾀꼬리를 찾아라

스님께서는 예능에 깊은 소양을 갖고 계셨다. 한시도 잘 짓고, 붓글씨도 잘 썼으며, 때때로 소리도 하셨다. 그리고 달마화 등의 그림도 그리셨다.

그래서인지 석정스님·중광스님·수안스님 등의 화가 승려나 장욱진 등의 화백을 만나면 격려도 많이 하고 그림에 대한 열망의 불도 지펴 주셨다.

장욱진 내외가 통도사 객실에 잠시 머물렀을 때, 방 앞을 지나가던 스님께서 옆 사람에게 물었다.

"누구 신발이 저렇게 크노? 만나보고 싶구나."

그리고 방으로 들어간 스님께서 물었다.

"뭐 하는 사람이오?"

"까치 그림을 그립니다."

"쾌快하다."

얼마 뒤 장욱진 화백의 그림을 보신 스님은, '비어있는데 비어 있지만은 않다.'시며, '비공非空'이라는 법명을 주며 유발상좌를 삼았고, 장욱진 화백은 그날 이후 그림을 희사하여 불사佛事에 많은 도움을 주었다.

또 판소리 하는 이들이 오면 '소리 한 번 해보라'고 하시며 신명을 돋우셨고, 신심이 난 그들도 스님을 자주 찾아뵈었다.

특히 신정희 선생과 박초선 할머니를 많이 도와주셨다. 그들이 어려운 시절, 스님께서는 집을 지을 자리를 먼저 밟아보고 집터를 잡아주셨는가 하면, 방이 따뜻한지까지 확인해주셨다.

조용필의 '못 찾겠다 꾀꼬리'도 경봉스님과의 인연에서 나온 노래인데, 그 만남도 재미있다.

1980년 초, 조용필이 스님을 찾아와 인사를 하자

물었다.

"무엇 하는 사람이고?"

"노래 부르는 사람입니다."

"그럼 노래하는 꾀꼬리구나. 너의 꾀꼬리, 니 속의 노래하는 참된 주인공을 찾아보아라."

그래서 만들어진 노래가 '못 찾겠다 꾀꼬리'였다고 한다.

고무줄이나 용수철처럼

 스님께서는 늘 친견하러 온 사람들 각각에게 맞는 법문을 들려주셨다. 그러나 때로는 많은 사람들에게 거의 비슷한 말씀으로 타일렀다.

 어느 날 얼굴을 잔뜩 찌푸린 30대의 여인이 찾아오자 묵묵히 보고 계시다가 등을 탁 치며 꾸짖었다.
 "무엇 때문에 수심·근심 보따리를 가슴에 잔뜩 안고 다니느냐!"
 여인은 이 말씀 끝에 울음을 터뜨렸고, 스님은 조용하고도 강하게 지침을 내려 주셨다.
 "젊은 보살은 성질이 급하고 고집이 세고 신경질이 많다. 고쳐라.
 고무줄이나 용수철은 당기면 늘어나고 놓으면

오므라든다. 이것처럼 사람도 신축성이 있어야 세상을 살면서 상함이 없이 살아갈 수 있다. 버스에 쿠션이 없으면 엉덩이가 어찌 안 상하겠느냐?"

어느 날 대학교수가 찾아왔을 때에도 학생이 찾아왔을 때에도, 스님은 같은 말씀으로 그들의 그릇된 성격을 깨우쳐 주셨다.

스님께서는 왜 이 말씀을 여러 사람들에게 한 것일까? 어느 날 법회에서 스님은 이르셨다.

"내가 사람들에게 '성질이 급하고 고집이 세고 신경질이 많다'는 이야기를 자주 하는데, 이것은 인간이면 누구나 품고 있는 탐貪·진瞋·치癡의 삼독심三毒心, 곧 탐욕과 분노와 어리석음을 깨우치는 법문이다.

이 삼독의 마음이 부드럽고 평화롭고 착하고 순한 마음[柔和善順心]으로 돌아설 때 평화롭고 행복하게 살 수 있다는 것을, '성질이 급하고 고집이 세고 신경질이 많다. 고쳐라.'는 말로 돌려서 한 것임을 알아야 한다."

※ 우리는 어떠한가? 급한 성질에 고집과 신경질 속에서 살아가고 있지는 않은지?

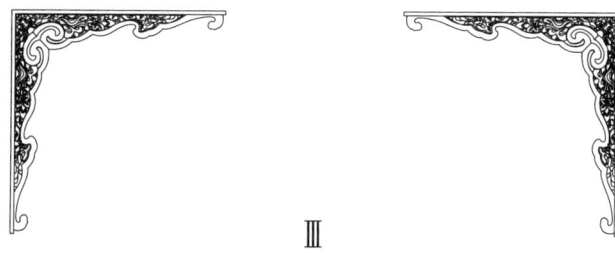

Ⅲ

좌절에 빠진 이들에게

낙엽의 법문

"세상을 살다가 보면 마음대로 잘 안되고, 물질과 사람에 걸려 가슴이 답답하고 머리가 아플 때가 많다.

그때는 그 물질과 그 사람이 원래 없는 요량하고 애착부터 비워야 한다. 원래 없는 요량하고 한 생각 애착을 비워 생생한 산 정신으로 임하면 막혔던 것이 풀린다.

'절후絶後에 갱생更生이라', 끊어진 곳에서 다시 사는 수가 있다.

또 실패를 하였다 하여 인생을 포기를 해서는 안 된다. '이제 끝이다. 더 이상 어떻게 해 볼 수가 없다'고 하면서 주저앉지 말아야 한다.

낙엽을 보라. 낙엽이 땅에 떨어져 있으면 사람도

밟고 개도 밟고 지나간다. 그러한 낙엽이 무슨 가치가 있겠는가?

그렇지마는 그 낙엽도 비바람을 타고 벽공을 활기롭게 날 때가 있다. 낙엽이 벽공을 풀풀 날면 그 낙엽이 참으로 멋스럽다.

이렇듯 낙엽도 한껏 멋을 내는데, 만물 중에 가장 슬기로운 사람이 실패를 했다고 해서 근심 걱정에 잠겨 있대서야 되겠는가? 다시 정신을 가다듬고 힘을 내어야 한다."

근심걱정은 도움이 안 된다

"생활 속에서도 근심걱정에 잠겨서 살면 안 된다. 근심걱정을 한다고 문제가 해결되는 것은 아니다. 오히려 근심걱정에 잠겨서 살게 되면 행복이나 성공이 오다가도 돌아서서 가버린다.

인간이 이 세상에 태어날 때는 아무 걱정이 없었는데, 학교 가고 취직하고 시집 장가를 가는 등, 경쟁 사회에 몸을 담고부터 근심걱정 속에 빠져 가슴 답답하고 머리 아프게 살아간다. 꼼짝하지 못하고 그 상태에 빠져 오만가지 걱정을 하면서 산다.

가만히 돌이켜보라. 부모 태중에서 나올 때 영감을 업고 나왔나? 아내를 안고 나왔나? 자식들을 데리고 나왔나? 재물을 갖고 나왔나?

빈 몸 빈손으로 나왔는데, 이것들에 애착이 붙어서 놓으려고 해도 놓을 수가 없다. 또 놓을 수 없으니 밤낮없이 걱정을 한다.

그까짓 근심걱정은 냄새나고 죽은 생각이다. 죽은 생각인 근심걱정을 초월하여, 명랑하고 활달하고 낙천적인 정신으로 살아가면, 다시 행복과 성공의 문이 열리게 되는 것이다."

죽기 전에 그때 생각을 하여라

경상남도 양산에 있는 영산대학교의 이사장을 지낸 박용숙(1920~2020) 보살은 이북 출신으로, 6·25 때 죽을 고비를 넘기면서 남쪽으로 내려왔다. 그 뒤 온갖 고생을 다 하여 사업을 크게 이루었는데, 부도를 맞아 망하게 되자 살고 싶은 생각이 사라져 버렸다.

몸과 마음이 모두 허해진 그녀는 자살을 하겠다고 태종대 자살바위를 찾아가서 뛰어내리려는 순간 경봉스님이 생각났다.

"스님은 도인이시니, 도인스님께 한 말씀 들은 다음 죽어야겠다."

그래서 통도사 극락암으로 가서 스님께 자초지종을 말씀드리자, 도리어 질문을 하셨다.

"남쪽으로 내려올 때의 상황이 어떠했느냐?"

"옆 사람이 포탄을 맞는 것도 보았고, 굶주린 배를 움켜잡고 시체를 수도 없이 넘으며 왔습니다."

보살이 한참을 이야기하자 한마디만 하셨다.

"그때를 생각하여라."

이 말씀에 죽겠다는 생각을 버린 박용숙 보살은 열심히 노력하여 사업을 다시 일으켜 세웠고, 이후 영산대학교까지 설립하게 되었다.

정신만 차리면 돼

 부산에서 큰 사업을 했던 처사가 부도가 나서 침식을 전폐하고 누워있었는데, 아내의 극진한 보살핌 덕분에 한 달 정도가 지나자 거동을 할 수 있게 되었다. 아내는 거사를 설득하였다.
"매월 첫 번째 일요일에는 경봉스님께서 법문을 하시는데 오늘이 그날입니다. 바람도 쐴 겸 극락암으로 법문이나 들으러 갑시다."
 법회가 끝나자 아내는 또 권하였다.
"이왕 온 김에 큰스님을 친견하고 갑시다."
 이렇게 하여 스님을 뵈었을 때 하신 첫 말씀.

"어디서 산 송장 하나가 왔노? 오장육부에 열이 꽉 차 있구나!"
 처사가 이야기하는 사연을 들은 스님께서는 호되

게 일러주셨다.

"그동안 돈 좀 모아서 잘 살다가 재산 좀 잃었다고 화병이 들어? 아직 어진 마누라가 건강하게 있고 집도 있는데, 부도가 나서 재산 좀 날렸다고 산송장이 되어서야 어디 쓰겠느냐?

6·25사변 터지고 숟가락 젓가락 하나 없이 빈 몸으로 내려왔는데도 자수성가하여 잘 살지 않았느냐? 다시 정신을 차리고 일어나거라.

정신만 차리면 돼!"

스님의 단단한 가르침을 듣고 집으로 돌아온 처사는 정신을 차려서, 아무 일도 없었다는 듯이 밥도 잘 먹고 잠도 잘 잤으며, 얼마 지나지 않아 사업도 다시 만회하였다.

사람 살리는 글씨

 스님께서 91세로 열반에 드신 해인 1982년의 일이다. 한 보살이 극락암으로 와서 스님 글씨 한 폭을 얻고자 하였다. 아들이 취직을 하고자 하는 쪽에서, '돈은 뇌물이 되지만 큰스님 글씨는 뇌물이 아니니, 명필로 소문 난 경봉스님의 글씨 한 폭을 갖고 싶다'고 한 것이다.

 하지만 열반을 앞두고 있었던 스님께서는 글씨를 쓰지 않으셨고, 시자侍者들은 외부인이 스님을 친견하는 자체를 막고 있었다.

 보살은 마당에 서서 크게 소리쳤다.

"스님, 살려주십시오."

 그 소리를 들은 스님은 '들여보내라' 하셨고, 사연을 물으셨다.

"누가 너를 죽이더냐?"

"스님, 우리 아들이 취직을 해야 하는데, 큰스님 글씨가 꼭 필요합니다. 한 장만 써주십시오."

"내 글씨가 사람을 살린다니 써주어야지. 시자야, 먹을 가져오너라."

글씨를 써준 스님은 주위를 둘러보며 이르셨다.

"언제나 부처님법(佛法)을 사람 살리는 데 써야 한다."

기도해라

경봉스님은 참선을 하여 대오大悟하고 도인이 되셨지만, 대중들에게는 참선만을 강요하지 않으시고, 근기에 맞추어 인연 있는 기도와 기도처와 기도방법 등을 일러주며 기도할 것을 권하셨다.

"너는 관음기도를 해라."
"너는 독성기도를 해라."
"너는 낙산사 홍련암으로 가거라."
"운문사 사리암으로 가서 기도해라."
"너는 참선하다가 상기병으로 몸이 상했으니, 그냥 있지 말고 남해 보리암으로 가서 백일기도를 하며 몸을 추슬러라."

특히 참선하는 수좌들이 참선에만 몰두하고 기

도하는 것을 무시할 경우, 스님께서는 '힘을 채워야 한다'며, 해제 철이 되면 기도하러 가도록 많이 이끌어 주셨다.

그리고 속인들에게는 '관세음보살' 염불을 많이 권하셨다.

"어려움이 생기거든 관세음보살을 많이 불러라. 그러면 33응신 중 한 분이 나타나서 다 도와주신다. 해결이 될 때까지 '관세음보살' 염불을 열심히 해라."

판을 벌이려면 장구부터 배워라

스님께서는 절을 짓는 등 '불사를 하고자 하니 도움을 달라'고 하는 이들이 찾아오면 먼저 들려주는 말씀이 있다.

"인생은 한 판의 신파극이다. 먼저 장구 치는 기술부터 배워라."

"스님, 어째서 장구 치는 기술부터 배우라고 하십니까?"

"장구를 잘 치면 구경꾼이 모이고, 춤꾼과 소리꾼도 모이게 된다. 그들이 다 모여야 놀이판이 크게 벌어진다. 무슨 말인지 알겠느냐?"

"……?"

"시장에 가면 옷이 없나? 한국은행에 돈이 없나?

미곡 창고에 쌀이 없나? 이 세상에는 불사에 필요한 것들이 원만하게 구족되어 있다.

그러니 네가 생각하는 것을 사심 없이 밀고 나가거라. '된다·안 된다'는 걱정도 결정도 하지 말고, 오직 밀고 나가면 된다. 사심만 없으면 된다."

"예?"

"사심 없는 너의 진정한 원력이 '큰 판을 불러 모으는 장구 치는 기술'이라는 것을 잊지 말아라."

신발 거꾸로 신은 사람에게 잘하면

1955년경, 한 새댁이 극락암으로 와서 스님께 간청하였다.

"스님께서 불공을 드려 아들 하나를 점지하게 해 주십시오."

자식을 못 낳아 시어머니로부터 구박을 받았던 새댁이 혼자 열심히 기도를 하여도 아기를 가질 수가 없자 스님께 부탁을 드린 것이다.

"여기서 기도를 하거나 불공을 올릴 필요가 뭐 있느냐? 지금 내려가면 신발 거꾸로 신은 사람을 만나게 될 터이니, 그 사람한테 잘해라. 그러면 반드시 아들을 낳는다."

새댁은 극락암 문을 나서면서부터 신발 거꾸로 신은 사람을 찾았지만 보이지가 않았다. 잔뜩 실망을 하여 집에 도착한 새댁은 대문을 두드리면서 외쳤다.

"어머님, 문 열어주세요."

시어머니는 깜짝 놀랐다. 6·25 사변 직후라, 쌀밥도 맛있는 반찬도 귀해 마음대로 먹기가 쉽지 않았다. 시어머니는 별난 며느리가 기도를 하러 간 틈을 타서 맛있는 음식을 잔뜩 만들어 마음껏 먹으려던 참이었는데, 갑자기 며느리가 온 것이다.

시어머니는 허겁지겁 밥상을 숨기고 문을 열어주기 위해 황급히 뛰어나갔다. 그런데 문을 열어주는 시어머니가 신발을 거꾸로 신고 있는 것이 아닌가!

'아, 시어머니께 잘하라는 말씀이었구나.'

반성한 며느리는 그날부터 시어머니를 정성껏 봉양하였고, 맛있는 음식도 많이 만들어 시어머니와 남편이 겸상을 하여 먹도록 하였다. 과연 몇 개월이 지나자 새댁은 아기를 가졌고, 사내아이를 낳았다.

IV

일상 속의 스님 모습

노년의 스님 일과

하루 3시간만 주무셨던 스님은 80대에도 저녁 9시쯤 잠자리에 들면 밤 12시에 정확히 일어나셨고, 첫 일과로 냉수마찰을 하셨다. 저녁에 물을 떠다가 방에 놓아두면 냉기가 사라지고 시원한 물이 된다. 그때 냉수마찰을 하는 것이다.

냉수마찰 후에는 새벽예불 때까지 홀로 정진을 한 다음, 구수하고도 카랑카랑한 음성으로 대예참문大禮懺文 전체를 달달 외우며 절을 하셨다. 스님의 대예참을 듣고 있으면 절로 신심이 샘솟았다.

아침 6시가 되면 스님께서 지은 극락암 아래의 아란야阿蘭若(지금은 없어짐)로 산책(경행)을 떠나는데, 흥겨운 마음으로 게송을 외우며 내려가셨다.

1킬로미터 정도를 걸어 아란야에 도착하면 2층으로 올라가서 큰 소리로 게송을 읊으셨고, 시자가 1층에서 숯불 위에 석쇠를 올려 떡을 굽고 차를 준비하면, 스님은 차와 떡을 조금 드시고 기뻐하셨다.

그리고 극락암으로 올라오신 다음, 붓글씨를 쓰고 승려와 신도, 일반인들을 제접하는 등, 매일매일을 부지런히 보내셨다.

※ 아란야阿蘭若 : 한적한 수도처라는 뜻. 스님께서 용맹정진하는 수좌를 위해 1969년에 2층으로 지은 선원.

동자승과 함께하면

 통도사로 출가한 동자승(어린 사미)들이 극락암에 올라가면 스님께서는 꼭 먹을 것을 주셨다. 그리고 끝까지 미소를 지으시며 먹는 모습을 바라보았고, 다 먹고 나면 항상 맛을 물어보셨다.

"맛있나?"
"맛있어예."
"어떤 맛이고?"
"달고 살살 녹아예."
"더 주까?"
"예, 더 먹고 싶어예, 스님."
 어린 사미들의 맛에 대한 솔직한 표현과 좋아하는 모습을 보면서, 스님은 또 한 명의 천진난만한 사미가 되어 있었다.

꼬마들과의 줄다리기

 어느 날 스님이 방터라는 마을을 찾아갔다. 마을에 갔을 때, 고추를 달랑거리며 다니는 꼬마들 십여 명이 마을 복판에서 놀고 있었다(1960년대 꼬마들은 이랬다). 스님께서는 아이들에게 다가가서 웃으며 청하였다.

"줄다리기 안 할래?"

 꼬마들의 눈은 나이 많은 스님을 충분히 이길 것 같다는 자신감으로 반짝인다.

"영차! 영차!"

 꼬마들의 구령 따라 스님은 차츰 꼬마들 쪽으로 끌려갔다. 힘이 없어서가 아니다. 티 없이 맑은 동심에 취해서 천진한 미소를 지으며 끌려갔던 것이다.

그렇게 한 판, 두 판, 세 판….

시간이 지나자 언양으로 장을 보러 가던 사람들이 둘러서서, 그 진기한 시합을 구경하며 손뼉을 치고 웃음을 던졌다. 꼬마들의 동심童心과 스님의 천진天眞함이 장꾼들의 마음에 맑은 바람을 일으킨 것이다.

그러나 그 웃음을 비웃음으로 느낀 시자는 짜증이 났다.

"노스님, 갑시다. 남들이 웃습니다."
"네가 이 재미있는 소식을 알 수가 있나? 이 티 없는 풍류를…."

스님은 '허허' 웃으시고 꼬마들과의 줄다리기에 다시 열중하였다.

사심만 없으면 불사는 꼭 이루어진다

1967년, 스님은 청도 운문사에 두 달 동안 기거하면서 '운문사 중건 불사'를 마쳤다. 그리고 운문사 사리암으로 올라가서 1956년에 직접 봉안했던 나반존자상을 흰색으로 개분改粉을 한 다음 유리함을 만들어 씌웠다.

그때 비구니 둘이 와서 절을 하며 여쭈었다.

"혹시 경鏡자 봉峰자 큰스님이 아니신지요?"
"그래, 내가 경봉이다."
"저희 절에서 부처님 개금 불사를 하기 위해 백일기도를 하였는데, 주지스님 꿈에 법당 부처님이 오셔서 '경자 봉자 스님을 찾아가라'고 하셨답니다."
"어디서 왔노?"
"고성 운흥사雲興寺에서 왔습니다."

"어디?"

"고성 운흥사입니다."

순간, 스님은 무릎을 탁 치셨다.

"50년 만에 왔구나. 아직도 개금을 못하였느냐?"

그러시며 옛이야기를 들려주셨다.

"나이 20대의 학인 시절에 고성 문수암을 참배하고 산을 넘어 삼천포 쪽으로 내려오다 보니 운흥사라는 절이 있더구나. 법당에 들어가 보니 아주 원만한 상호를 갖춘 고려 때 불상이 모셔져 있었는데, 불상의 금칠은 많이 퇴색이 되어 있었지.

'이 절에 거처하고 있는 스님들로는 불상 개금을 하기 어렵겠다'는 생각과 함께, '언젠가 내가 저 부처님을 개금해드려야겠다'고 했었는데, 그 뒤로 까마득히 잊어버리고 있었구나."

그리고는 운흥사 비구니에게 물었다.

"주지스님이 얼마나 든다고 하드냐?"

"3백만 원이라 하셨습니다."

스님께서는 바로 움직였다. 보살신도들을 불러, '금을 가져오고 돈을 마련하라'고 지시한 다음 곧장 운흥사로 향하셨다.

그리고 한 달 동안 운흥사에 머무르며 세 분 부처님을 분칠한 다음, 순금을 갈아서 금박을 붙이고 금칠을 하여, 50년 전의 마음속 약속을 지켰다.

스님은 개금한 삼존불의 점안 법회를 끝내고 말씀하셨다.

"불사의 원願을 심으면 언젠가 이루어진다."

"사심私心만 없으면 불사는 꼭 이루어진다."

꼭 같은 송차를 다 같이

스님께서는 늘 평등법을 강조하셨다.

극락암 조실인 스님께서는 비구니 선원인 양산 내원사의 조실도 맡았는데, 결제·해제 법문을 하러 내원사로 가게 되면 많은 승려와 신도들이 스님의 뒤를 따랐다.

스님께서 첫 번째로 결제법문을 하기 위해 내원사에 도착하자 비구니가 맛있는 송차를 올렸다. 이에 스님께서 이르셨다.

"법회에 동참하는 대중은 누구나 평등하다. 다같이 먹을 수 있게 꼭 같은 송차를 내어오도록 해라. 이것이 여래께서 가르치신 평등법이다."

대중들 모두는 묵묵히 송차를 맛보며, 부처님의 평등법을 새기고 환희심을 발하였다.

도인도 성을 냅니까?

 스님께서는 사람들에게 늘 자상하게 대했지만, 혼을 낼 일이 있으면 주저하지 않고 야단을 치셨다.
 스님께서 야단을 칠 때는 무섭다. 눈썹이 올라가고 눈에서 불이 나서 불이 줄줄 떨어지는 듯하다. 마치 신장이 앞에 나타난 것처럼….
 "큰스님이 왜 성이 나셨을까?"
 대중들은 쩔쩔매면서 당황해한다.

 그러나 잘못을 반성하면 금방 얼굴을 풀고 그 잘못을 묻어 버린다. 그리고 처소인 삼소굴로 돌아갈 때는 싱긋이 웃으신다.
 "스님, 그렇게 야단을 쳐놓고 금방 웃으시는 게 도리에 맞습니까?"
 "잘못을 보고 꾸짖은 것일 뿐, 내 마음속까지 성

이 났겠나?"

 한 번은 스님께서 성난 듯이 호통을 치는 것을 못마땅하게 여긴 젊은 승려가 대들 듯이 여쭈었다.
 "사람들이 스님더러 도인이라고 하던데, 도인도 성을 냅니까?"
 "니가 내는 성하고 내가 내는 성은 다르다."
 "성내는 것은 똑같지, 무엇이 다릅니까?"
 "니가 성을 내는 것은 속에서 불덩이가 치밀어 올라 얼굴이 울그락불그락 해지는 성이고, 나는 잘못을 다스리고 막기 위해서 소리를 지를 뿐, 마음은 태연 부동해.
 손자가 뭔가 그릇된 짓을 하려고 하면 할아버지가 '안돼'하고 소리친다. 이 할아버지가 성을 내는 것이냐? 속은 웃으면서 입은 야단을 친다. 나의 성도 이와 같다."

『법해』가 출간되던 날

1975년(84세) 8월 15일 아침, 경봉스님의 법문집인 『법해法海』가 처음으로 발간되어 극락암에 도착하였다.

때마침 스님은 극락암 삼소굴의 앞마당에 계셨는데, 아침노을이 유난히 곱고 환하였다. 스님은 주위 사람들에게 이르셨다.

"봐라! 하늘도 감응을 하고, 불보살이 증명을 하지 않느냐?"

스님은 참으로 감동하고 감격해하셨다. 당신의 법문에 대한 확신! 곧 당신 책이 부처님의 뜻을 그대로 설한 것이고 조금도 착오 없음을 인정하는 삼세 제불의 증명이라 하셨다.

무심도인인 스님께서 이날처럼 기뻐하고 환희로워한 날은 정말 흔치 않았는데, 환히 웃던 그 모습과 함께, '도인의 진짜 무심이 이러한 것'임을 주위 사람들은 오래오래 기억하였다.

나는 경봉이다

대원수좌가 산보(포행)를 하다가 약숫물을 받아 잡수시는 스님께 여쭈었다.

"스님, 옛 조사스님들은 무슨 선禪을 하셨습니까?"

"궁금하면 저 조사전祖師殿에 가서 물어보아라."

"스님께서는 조사선祖師禪을 하셨습니까? 여래선如來禪을 하셨습니까?"

"나는 경봉이다."

※ 조사전祖師殿 : 선종의 조사들을 모신 전각. 극락암 선원 뒤쪽에 있으며, 1955년 스님께서 짓고 33조사의 영정을 봉안하셨다.

나는 쉬고 있는 중

한 젊은 승려가 극락암으로 올라가다가 산길에 앉아계신 경봉스님께 여쭈었다.

"오는 중[僧]입니까? 가는 중[僧]입니까?"

젊은 시자가 이 말을 듣고 발끈하여 소리쳤다.

"노장님께 중이라니? 어서 사과하시오."

"그냥 두어라."

경봉스님은 시자를 말린 다음 답을 주셨다.

"나는 쉬고 있는 중이라네."

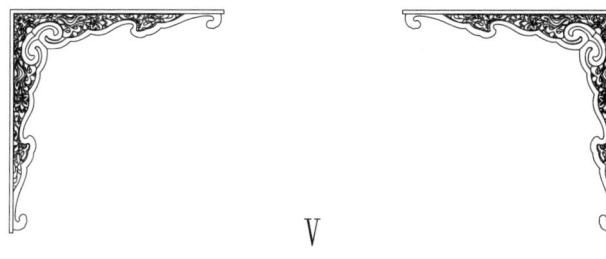

V

제자·시자들과 함께

내 탓이다

스님께서는 일본 불교계를 시찰하고 돌아올 때 구기자나무를 분재해와서 극락암 삼소굴 뒤뜰에 심으셨다. 스님은 오고 가면서 '참 좋다' 하시며 구기자나무를 사랑해주셨다. 그리고 구기자나무가 잘 자라게 하려고 2년 동안 그 주변의 풀을 베지 않고 그대로 두었다.

어느 날 스님께서 새로 온 시자에게 지시를 했다.

"뒷밭의 풀을 깨끗이 베어버려라."

시자는 열심히 풀을 베었다. 그런데 낫으로는 잘 리지 않는 것이 있어 톱을 가져다가 싹 베어버렸고, '깨끗하게 잘했다'는 칭찬을 듣고 싶어 곡괭이로 뿌리까지 파내었다.

"스님, 깨끗하게 치웠습니다. 가보시지요."

그곳으로 간 스님은 눈이 휘둥그레졌다.

"야야, 내가 니한테 시키는 것이 아닌데…. 내 탓이다, 내 탓이야. 내가 안 시켰으면 이런 일이 없었을 텐데…."

그리고는 시자에게 구기자나무 이야기를 해주시며 애석해하셨다.

뒷날 스님은 법회에서 이 이야기를 들려주시며, '일을 시킬 때는 말을 제대로 해주어야지, 지시가 자상하지 않으면 엉뚱한 사고가 난다'는 법문을 하셨다.

오늘은 바람이 안 불었나?

극락암에는 아주 큰 감나무가 20여 그루 넘게 있었다.

감을 다 따면 200접(100개가 1접) 정도가 나왔는데, 시자가 딴 감 중에서 한 가마니를 땅에 묻어 놓았다. 때가 되면 통도사 앞 동네로 내다 팔아 용돈을 하려 한 것이다.

그런데 감을 묻어 놓은 감나무 밑의 땅이 다른 나무보다 뽈록하게 나오지 않을 리 없었고, 스님께서 모를 리 없었다.

"야야, 이상하다. 여기가 와 뽈록하노?"
"바람이 불어서 그래요."
시자는 시치미를 떼고 말하였지만, '안 되겠다' 싶어 감을 파내었다. 며칠 뒤 그 나무를 지나치던 스님께서 싱긋 웃으며 말을 걸었다.

"야, 이제 평평해졌네? 오늘은 바람이 안 불었나?"

꿀밤

 부산 시내에 전차가 있던 시절, 한 시자가 스님을 모시고 동래 온천장에서 전차를 탔다. 스님께서 자리에 앉자 시자도 스님 곁으로 가고자 하였으나, 걸망을 짊어진 몸으로 사람들을 뚫고 갈 수가 없었다.

 나중에 사람들이 줄어들어 스님 곁으로 다가가자, 불러도 답을 안 하고 빨리 오지 않았다며 꿀밤을 몇 대를 주셨다.

 스님의 꿀밤은 되게 아팠고, 시자의 어린 마음에는 미움이 생겼다.

'저녁에 절에 가거든 보자.'

 그때는 늦은 가을이라 스님 방에 장작 7개를 때야 온기가 적당한데, 시자는 장작을 무려 20개나

땠고, 스님은 방이 뜨거워 잠을 못 주무셨다.

"이 녀석아, 왜 그랬느냐? 화가 나면 말로 하지."
"스님이 사람들 많이 보는 데서 꿀밤을 주시니까 그랬지요."

스님께서 법회 때 이 이야기를 하자, 신도들이 손뼉을 치면서 배꼽을 잡고 웃었다.

잠 속 불공

 극락암에서 기도를 집전하는 부전의 직을 맡고 있는 제자가 꾀를 내었다. 기도 내용을 녹음한 다음, 기도 시간에 그 녹음을 틀어놓고 한 시간 남짓 동안 편안하게 잠을 잔 것이다.

 스님께서는 그것이 녹음한 염불 소리인 줄 알면서도 신도들에게, '저 스님, 기도 잘하제?' 하시며 칭찬을 해주셨다. 그리고는 나중에 부전을 따로 불러 이르셨다.

 "승려가 되어서 잠이 많으면 안 된다. 특히 부처님의 밥을 먹는 놈이 잠 속 불공을 해서야 되겠느냐? 다시는 그러지 말아라."

큰스님

 짓궂은 개구쟁이 시자가 어느 날 스님께 여쭈었다.
 "사람들이 스님께 '큰스님, 큰스님' 하던데, 진짜 큰스님 맞능교?"
 "이놈아. 내가 니보다 크니까 큰스님이고, 니는 내보다 작으니까 작은 스님이다. 당연히 내가 큰스님이지!"

향성香聲

 스님께서 자주 써주신 글씨 중 하나는 '향성香聲'이다.

 60년대에 몇 년 동안 스님을 시봉한 시자 일진一眞은 스님께서 글씨를 쓰게 되면 하루에 몇 시간씩 먹을 갈았고, 그렇게 힘들여서 갈아놓은 먹물은 큰 화선지에 '향성香聲'을 세 장만 쓰면 다 없어져 버렸다.

 어느 날 스님께서 '香聲'을 쓰다가 화장실에 갔는데, 일진이 보니 '香'자가 삐딱해 보이는 것이었다. 하도 옆에서 많이 보아 눈을 감고도 쓸 것 같았던 시자는 스님 안 계신 틈을 타서 얼른 향성을 썼고, 화장실에 다녀온 스님은 모른 척 이르셨다.

 "아까보다 더 잘 쓴 것 같네?"

그리고는 일진시자에게 향성에 대해 이르셨다.

"일진아, 향 타는 소리를 들어보아라."
"스님은 그 소리가 들리십니까?"
"이 녀석아, 향의 재가 떨어지는 소리가 나에게는 천둥 치고 벼락 치는 소리로 들린다. 너는 듣지 못하였느냐?"

그리고는 '향 타는 소리를 들어라'는 화두를 주셨다.

재무 너무 오래 하지 마라

 통도사에서는 경봉스님의 상좌 원산圓山에게 통도사 재무국장 일을 맡아줄 것을 청하였다. 이에 원산이 스님께 여쭈었다.

"스님, 저같이 공부하는 사람이 재무를 봐도 되겠습니까?"

"통도사 승려가 되었으니, 사중寺中의 은혜를 갚아야 하지 않겠느냐? 소임을 맡기면 해야지."

"받들겠습니다."

"그런데 한 가지 문제가 있다."

"무엇입니까?"

"재무가 되어 사중의 공금을 만지는 것은 흙으로 집을 지을 때 흙을 발로 이기는 것과 같다. 아무리 흙을 잘 이기는 사람이라 할지라도 발에 흙을 안

묻힐 수 있겠느냐?"

"……."

"재무 일도 마찬가지다. 네가 아무리 재무를 깨끗하게 잘 본다 해도 흙을 이기는 것과 같으니까, 너무 오래는 하지 마라."

이렇게 하며 재무를 맡았는데, 스님의 말씀대로 많은 돈을 만지는 그 자리에서 '자칫하면 돈에 물들겠다' 싶어 원산스님은 1년 만에 사표를 내었다. 그리고는 공부를 하러 떠났다.

공과 사를 분명히

스님께서는 극락암의 살림을 담당하는 상좌들에게 개인 돈과 공금을 분명히 구분하고, 공금을 사적으로 사용하는 것을 철저히 금하셨다. 그리고 옛이야기를 들려주셨다.

"나의 은사이신 성해스님이 통도사 감무監務 일을 보실 때, 한쪽 주머니에는 개인 돈을 넣고 한쪽 주머니에는 사중의 공금을 넣고 다니면서, 공금을 쓸 때와 사금(개인 돈)을 쓸 때를 철저히 구분하셨다. 너희도 그렇게 해야 한다."

대부분의 상좌들은 이를 잘 지켰지만, 무심코 허락 없이 공금을 쓰게 되면 눈물이 쑥 빠질 정도로 무섭게 혼을 내었다.

어느 날 스님께서는 한 제자에게 장부를 내어 보이며 지시를 하셨다.

"언양장에 가서 장을 봐 오너라. 이 장부에 기록되어 있는 금액을 참고하면서…. 그리고 영수증을 꼭 받아오너라."

지시한 대로 장을 다 보고 나자, 130원이 남았다.

'모처럼 장에 왔으니 공책·연필 등 필요한 것들을 사서 가자.'

이렇게 생각한 제자는 1백 원으로 필요한 것을 사고 30원을 남겨 돌아왔다. 스님께서는 장부와 영수증을 보면서 계산을 한 다음에 '남은 돈을 달라' 하셨고, 제자는 30원을 드렸다.

"백 원이 없다."
"스님, 그 돈으로 공책하고 연필 좀 샀는데요."
"이놈아! 그건 공금이다. 쓸 돈이 필요하면 나에

게 달라고 할 것이지 왜 공금을 썼느냐?"

스님은 혼쭐이 빠지도록 혼을 내셨다. 평소에는 모든 이들에게 자애롭게 대하였고 돈을 넉넉하게 베푸셨던 스님이셨지만, 공금과 사금을 구분하지 않는 경우에는 용납하지 않으셨다.

스님께서는 사찰의 공금을 '삼보정재三寶淨財'라고 칭하면서 늘 강조하셨다.

"부처님 돈은 절대 속가로 가거나 개인 주머니에 들어가면 안 된다. 10원 하나라도 안 된다.

부처님 돈은 무섭다. 공금과 사금은 철저하게 구분해야 한다."

자상한 할아버지

1970년 이전의 교통이 발달하지 않았던 시절, 시자와 함께 먼 길을 가다가 보면 여관이나 숲속에서 잘 때가 많았다. 그때 스님은 시자부터 재운다.

"어여 자거라."

누우면 바로 잠이 드는 시자가 한참을 자다가 번쩍 눈을 뜨면 스님께서 옆에 앉아 계신다.

"스님, 왜 안 주무십니까?"

"아니다, 더 자거라. 해 뜨려면 아직 멀었다. 걱정 말고 자거라."

그렇게 시자를 다시 재우고 스님께서는 밤새 정진하신다. 그리고 아침이 되면 시자를 깨운다.

"야야, 일어나라. 해가 중천에 떴다. 무슨 놈이 오줌도 한 번 안 누고 자노?"

스님은 귀여운 손자를 보살피는 할아버지 같았다.

예절교육

 스님께서는 아무리 바쁘고 상황이 안 좋아도 남을 먼저 생각하셨다. 절 밖을 나가 바삐 일을 보다가 보면 저녁 공양도 하지 못한 채 잠을 자기로 한 신도 집이나 절에 늦게 도착하는 경우가 많다. 그때 배가 고프다고 칭얼대는 시자에게 스님은 이르셨다.

 "야야, 저녁 먹었느냐고 물어보면 꼭 먹었다고 해야 한다."
 "왜요?"
 "이놈아, 남의 집에 늦게 갈 때는 밥을 먹었다고 해야 하는 법이다."

 신도 집이나 절에 도착하면 보살이나 스님이 공

양에 대해 물어보는데, 스님께서는 '먹고 왔다'고 하신다. 그럼 시자에게 다시 묻는다.

"진짜 저녁 먹었어요?"

시자는 조그마한 목소리로 하는 수 없이 답을 한다.

"예, 먹었습니다."

사소한 듯한 예절교육. 스님께서는 늘 잊지 않으셨다.

딴사람이 알아준들 뭐할 것고?

 통도사 방장을 지낸 원명圓明스님은 15세 때인 1952년에 출가하여 경봉스님을 시봉하기 시작하였고, 1982년 열반에 드실 때까지 30년을 모셨다.

 극락암은 이름만 암자였지, 안거 철에는 수행하는 승려가 70~80명에 이르렀고, 1973년에 시작한 정기법회에는 대중이 1천 명이나 모여들었다.
 선방 살림을 살랴, 정기법회 동참자의 공양을 챙기랴…. 그러나 원주의 노고를 알아주는 이는 없었다. 너무 힘이 든 원주 원명은 걸망을 싸놓고 스님을 찾아갔다.

 "스님, 원주를 그만두고 좀 쉬어야겠습니다."
 그러자 스님께서 인자한 눈길로 한참 동안 쳐다

보시더니 이르셨다.

"원명아, 선방 원주는 팔지보살八地菩薩이라야 할 수 있다고 했다."

"……."

"니가 고생하는 것, 내 잘 알고 있다. 니가 알고 내가 알고 삼세제불이 알면 됐지, 딴 사람이 알아준들 뭐할 것고? 그러니 알아주느니 못 알아주느니 하지 말고 더 참고 하그래이."

수고를 알아주지 못하는 중생들에 대한 섭섭한 마음을 깨닫게 해주시는 멋진 법문에, 원명스님은 걸망을 풀고 극락암에 눌러앉았으며, 평생토록 이 말씀을 간직하며 살았다.

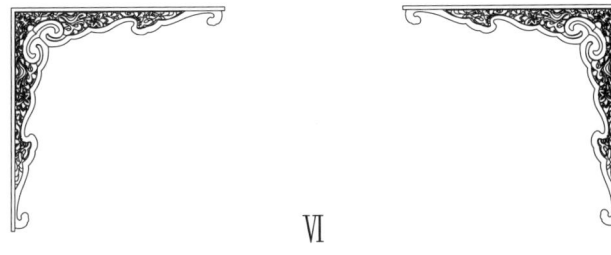

VI

수좌야 알거라

하늘의 운치를 느낄 줄 알아야지

스님께서는 초등학교를 마치고 통도사로 출가한 어린 일타日陀(1929~1999)와 함께 길을 걷다가, 석양 속에서 멋진 구름과 조화 이루고 있는 하늘을 가리키며 이르셨다.

"일타야, 하늘을 보아라."

일타스님이 하늘을 바라보며 감탄하였다.

"아! -"

"그래, 하늘의 운치도 느낄 줄 알아야지."

일타스님은 뒷날 사람들에게 말하였다.

"경봉스님은 멋을 아는 큰스님이요, 멋을 펼쳐 보일 줄 아는 큰스님이셨지. 나는 스님께 이것부터 배웠다."

쥐가 뒤주를 뚫듯이

 14세로 출가한 일타는 출가한 뒤 4년 동안 고경古鏡스님을 모시고 살았지만, 마음으로는 강사인 은사스님보다 선사인 경봉스님을 더 따랐다. 당시 승려들은 모자 쓰고 두루마기 입고 반짝이는 구두에다 지팡이를 짚고 다녔는데, 이러한 모습의 은사보다는 누더기 장삼을 입고 수좌들과 함께 참선정진하는 경봉스님이 훨씬 더 멋있어 보였다.
 사미승 일타는 은사스님이 출타하시면 극락암으로 뛰어 올라가 스님께 법문도 듣고 질문도 던졌다.

"스님요, 저도 참선할 수 있습니까?"
"그래, 참선할 수 있다. 해라."
"조주스님의 '무無'자 화두 할까요?"
"오냐. 무자 화두 해라."

또 여가가 나면 극락암으로 달려가서 스님께 여쭈었다.

"스님께서는 '시심마是甚摩(이 무엇고)' 화두를 많이 권하시던데, 저도 시심마 화두 할까요?"

"오냐. 시심마 화두 해라."

그렇게 극락암을 오르내리며, 이 화두 저 화두에 대해서 묻자, 하루는 경봉스님께서 이르셨다.

"일타야, '참선은 늙은 쥐가 쌀뒤주를 뚫듯이 해야 한다'는 말을 너는 들어보았느냐?"

"예."

"쥐가 쌀뒤주를 뚫을 때 여기 뚫었다가 저기 뚫었다가 하면 어떻게 되겠느냐?"

"쌀뒤주를 못 뚫습니다."

"화두도 마찬가지다. 쥐가 쌀뒤주를 한군데만 뚫어 들어가듯이, '무'자면 '무'자, 시심마면 시심마, 한 가지만을 잡고 뚫어 나가야 한다."

어떻게 언제까지 힘쓸 건가

스님께서는 처음 출가한 이에게 늘 당부하셨다.

"행자 때부터 사미까지 『초발심자경문初發心自警文』을 매일 읽도록 해라. 하루도 그르지 않고 읽으면 반드시 큰 힘이 생긴다."

그리고 참선 수행을 시작한 승려에게는 이렇게 당부하셨다.

"새벽에 눈을 딱 뜨는 순간, 가장 먼저 화두가 들리는 상태가 될 때까지 힘써 노력해야 한다."

간단한 말씀이지만, 공부의 가장 요긴한 비결.

수행자는 물과 같이

 스님은 수행자들에게 '늘 물처럼 살아야 한다'고 하셨다.

 "잘 공부하려면 살아있는 정신을 지녀야 한다. 아무리 어려운 일에 부딪히더라도 물처럼 살아있는 정신으로 살아야 한다.

 물을 보아라.
 깊은 산 속의 근원지에 출발한 물은 계곡과 시내와 강을 통과하여 바다에 이를 때까지 잠시도 쉬지 않는다. 그러니 수행자도 도를 이룰 때까지 산 정신으로 쉼 없이 나아가야 한다.

 또 수행하다가 힘든 고비를 만나면, 폭포가 되어

벼랑에서 떨어지는 물을 생각하고 바위와 부딪힐 때 더욱 힘을 내고 더욱 큰소리를 내는 물을 생각하면서 역경을 넘어서야 한다.

자꾸 주저하고 머뭇거리지 말아라. 물이 정체되면 썩는 것과 같이, 수행자가 회의에 빠지거나 길을 벗어나 다른 번뇌에 빠져 있으면 산 정신을 잃어 썩어버리고 만다.

모름지기 물이 되어 산 정신으로 살아가거라."

견성의 참뜻

스님께서 수좌들에게 자주 하신 말씀 중 한 가지.

"내가 도를 이루기 전에 여러 선방을 다니면서 참선을 하였지만, 처음에는 견성見性의 참뜻이 무엇인지를 잘 알지 못하였다. 그래서 중생인 나와 부처를 둘로 나누어 놓고, 중생과 부처의 사이를 오가고 헤매면서 부처를 찾았다.

그런데 한참을 공부하다가 문득 깨달았지.

'아, 부처가 산과 들에 있는 것이 아닌데, 돌아다니기만 하였으니…. 찾아다니는 내 마음 자체가 부처인 것을 왜 깨닫지 못했던가!'

그래서 나와 부처를 둘로 나누지 않고 정진하였더니, 얼마 지나지 않아 대오大悟했다네."

※ 견성見性 : 성性을 본다[見견]. 내 성性이 부처의 성性임을 보는 것

죽는다는 말 취소해라

스님 밑에서 참선하고자 하는 수좌가 극락암으로 찾아와 인사를 드리면, 스님께서는 꼭 물으셨다.
"왜 왔느냐?"
"스님 가시기 전에 한 철 모시고 싶어 왔습니다."
수좌들 중에는 이렇게 답하는 이들이 더러 있다.
"뭐라꼬? 내가 죽는다꼬? 그 말 취소해라. 얼른!"
"예?"

"도인은 죽고 사는 것이 없다. 도인에게 죽는다고 하면 업이 된다."
"아이고, 제가 잘못 말했습니다."
"아니다. 취소하면 된다."
"스님, 취소합니다."
그리고는 수좌와 함께 천진하게 웃으셨다.

그대가 새로운 여래

한 수좌가 스님께 여쭈었다.

"스님께서는 '극락에 길이 없는데 어떻게 왔는가?'라고 물으십니다. 스님께서는 극락이 있다고 보십니까?"

"길이 없는데 어떻게 극락으로 가겠느냐?"

수좌가 다시 여쭈었다.

"부처가 누구입니까?"

"묻는 수좌야말로 신여래新如來가 아닌가!"

밥값 했느냐

스님께서는 해제解制하여 걸망을 매고 떠나는 수좌들에게 물었다.
"이번 철 밥값은 했느냐?"
"……."
"이 극락의 문을 나서면 돌도 많고 물도 많다. 돌부리에 채여서 자빠지지 말고, 물에 빠져서 옷을 버리지도 말고 잘 가거라."

VII

극락암에서

스님께서 거처하셨던 삼소굴(아래)과 '화장찰해'라고 표현하셨던 스님의 방(위)

그냥 놔둬라, 화장찰해다

 스님께서 거처하는 극락암의 '삼소굴三笑窟'은 방이 길쭉하고 작다(정면 3칸 측면 1칸). 천정도 낮아, 키가 큰 스님께서 일어서면 머리가 닿을 정도다.

 이 삼소굴 방 안에 들어가 보면 앉을 자리가 없다. 가운데 이불 펼 공간만 남기고 벽 양쪽으로 책, 일기장, 붓글씨 도구들, 화선지, 다 써서 펼쳐 놓은 글씨들 등이 여기저기 놓여 있기 때문이다.

 이 복잡한 방 안으로 들어가는 이는 너도나도 스님께 말씀드린다.

"스님, 방이 너무 어질러져 있어 어수선합니다. 제가 치워드리겠습니다."
"손대지 마라, 손대면 내가 못 찾는다."
"그냥 놔둬라, 화장찰해華藏刹海다."

화장찰해는 비로자나불의 연화장세계를 달리 말한 것으로, 갖가지 종류의 꽃들로 장엄되어 있는 세계라는 뜻이다. 곧 무질서한 듯하지만 질서 있게 정리되어 있음을 '화장세계'라는 단어로 일러주신 것이다.

이 좁은 삼소굴에 들어서면 향기가 난다. 향을 피워서 나는 향기가 아니라 도인의 향기다. 그리고 그 향기는 그대로 법문이 된다. 소리 없는 법문이 되어 온 도량으로 퍼져나간다. 그래서 사람들은 이를 '향성香聲'이라 하였다.

삼소굴의 의미

일찍이 경봉스님께서는 말씀하셨다.

"삼소의 삼三은 우주의 극수極數요, 소笑는 염주를 목에다 걸어놓고 이리저리 찾아다니다가 결국 목에 걸린 것을 발견하고 '허허'하며 웃듯이, 자기에게서 한 치도 여의지 않았던 자성自性을 온갖 곳에서 헤매며 찾다가 깨닫고 나서 '허허'하고 웃는 웃음이다."

그리고 일기에는 다음과 같이 기록해 놓으셨다.

"삼소는 과거 현재 미래의 미소인 삼세소三世笑와 과거 현재 미래의 꿈인 삼세몽三世夢을 초탈한 뜻을 간직하고 있다. 누군가가 삼소의 깊은 뜻을 알고자 한다면, 야반삼경夜半三更에 촛불 춤추는 것을 볼지어라."

그러나 이 의미를 어느 누가 쉽게 이해하겠는가? 그래서인지 뒷날 스님께서는 누가 삼소굴의 의미를 물으면 더욱 쉽게 풀어 일러주셨다.

"누구든지 나를 찾아서 이 방에 들어왔다가 나가면 으레 세 번을 웃게 된다. 그래서 삼소굴이라 하였지."

호국선원 수좌 경책

극락암에는 스님께서 1953년(62세)에 만든 극락호국선원이 있어, 결제 철이 되면 스님의 지도하에 공부를 하고 싶어 했던 전국의 수좌(참선 수행승)들이 모여들었다. 그 수는 무려 70~80명. 수좌의 수로는 전국 선원 중 단연 최고였다.

스님께서는 80의 고령에도 밤을 새워가며 수좌들을 격려하셨다. 수좌들이 잠을 자지 않는 용맹정진에 들어가거나 세 시간만 자는 가행정진加行精進이 시작되면, 스님께서는 수좌들의 잠을 깨우기 위해 밤새 헛기침을 하시거나, 한밤중에 과자 봉지를 들고 선방으로 찾아가서, 조는 사람의 등을 두드려 주고 과자를 나누어 주면서 간단한 선문답과 격려의 말씀을 들려주셨다.

특히 화두 공부가 잘 안된다며 경책을 원하는 수

행자가 있으면, 여러 가지 말로써 무섭도록 힘을 불어넣어 주셨다.

"바보가 되거라. 사람 노릇 하자면 일이 많다. 바보가 되는 데서 참사람이 나온다."

"이 세상에 한 번 태어나지 않은 셈 치고 공부해라. 태어나지 않은 셈 쳐야 공부가 되지, 사람 노릇 한다고 왔다 갔다 하면서 시비하고 인사하고 세상 잡사에 시달리면 공부를 못 한다."

"이 공부는 철저하게 생명을 걸고 하지 않으면 안 된다. 아무쪼록 한 생生 나오지 않은 요량 하고, 마음을 비워 열심히 공부해야 한다. 나무칼로 목을 베듯이 하지 말고, 단박에 결판 지을 일이다."

"쇠가 아무리 굳어도 열이 3천 도가 되면 녹는다.

죽기를 각오하고 주인공에게 맹세를 하면서 공부해도 될 듯 말 듯 한데, 조금만 고통스러워도 못 견뎌 하니 어림도 없는 노릇이다. 졸음이 오면 허벅지를 꽉 꼬집어 비틀어서 잠을 쫓아버리고, 용맹을 떨치며 공부해야 한다."

"망상이 일어나거든, '네 이놈! 네 놈 말만 듣고 다니다가 내 신세가 요 모양 요 꼴이 되었으니, 이제부터는 내 말 좀 들어라. 죽나 사나 한번 해보자.' 하면서 용맹심을 내어야 한다."

또 어느 때는 피골이 상접하여 뱃가죽이 등에 달라붙어 있고, 새가 머리 위에 집을 지은 것도 모른 채 명상에 잠겨 있는 석가모니의 설산고행상雪山苦行相 사진을 보여 주면서, "이것을 보아라. 이분은 이렇게 공부하여 부처가 되셨다."고 하며 용기를 북돋우어 주셨다.

일상 속의 수좌 지도

 스님은 도인으로 추앙받고 있었던 큰스님이셨지만, 대중들을 늘 편하게 대해 주셨다. 시간이 나면 수좌들과 함께 도배를 하고 기와를 나르고 밭을 매고 정원을 가꾸는 울력도 하셨다.

 불공이 들어오면 '목탁 칠 수 있는 사람 나오너라'고 해서 불공을 집전토록 하였는데, 절대로 공짜가 없었다. 꼭 봉투를 챙겨 주셨다. 한 푼이라도 생기는 대로 챙겨 주셨다.

 수좌들의 정진하는 마음이 느슨해진다 싶으면, 슬며시 다가가서 농담을 건네고 법담을 해주셨다.

 먹을 것이 귀한 때라, 가끔씩 수좌들이 스님 방으

로 몰래 들어가 꿀 등을 훔쳐 먹었다. 그리고 간혹은 붓글씨가 없어지는 일도 있었지만, 짜증을 내거나 야단을 치지 않았다.

 어떤 때는 대중 방에 찾아가서 한참 동안 무언가를 찾다가 그냥 가는 경우가 있었는데, 대중공사를 붙인다거나 누가 가져갔는지를 캐묻는다거나 꾸짖는 법이 없었다.

 스스로가 선지식이요 도인이라는 것을 표 내지 않고, 모든 것을 포용하면서 있는 그대로, 살고 있는 그대로를 보여주신, 큰 스님이셨다.

큰비 온 날과 다음 날의 바다

스님께서는 보살들이 참선정진할 수 있는 선원을 만드셨다. 만공스님께서 수덕사 견성암에 비구니선원을 최초로 열었듯이, 극락호국선원 안에 보살선원을 최초로 연 것이다.

극락암의 위쪽에 스님들의 선방을, 그 아래쪽에 보살 선방으로 만들었는데, 대단한 일이 아닌데도 보살들끼리 싸우는 일이 자주 일어났다. 이를 참다가 참다가 마침내 화를 참지 못한 입승이 스님을 찾아와서 아뢰었다.

"스님, 보살들을 싹 쫓아내면 좋겠습니다."
"와?"
"공부는 안 하고 싸우기만 합니다. 한번 충격을 줘야 정신을 차리지 않겠습니까?"

스님께서는 한참 열을 올리는 입승을 물끄러미 쳐다보다가 앉기를 청한 다음 입을 여셨다.

"입승, 바다에 가봤느냐?"
"예, 여러 번 가보았습니다."
"큰비가 오고 홍수가 나면 흙탕물과 함께 온갖 잡물·오물들이 거세게 바다로 흘러 들어간다. 그때 바다가 어떻게 하더냐? 커다란 바다는 아무렇지도 않게 그 모든 것을 그냥 받아들인다.

그리고 그다음 날에 가봐라. 다시 맑고 푸른 바닷물이 되어 있다. 무슨 말인 줄 알겠나?"
"……."

"그것이 도요법道要法이다. 그냥 놔둬라. 모든 게 그렇게 어울려서 흘러간다.

시비가 시비가 아니라 그 이름이 시비요, 반야바라밀이 반야바라밀이 아니라 그 이름이 반야바라밀인 것이다."

 입승은 스님의 덕 깊은 말씀에 깊은 감동을 담고 방에서 물러났다.

※ 입승 : 선방 대중을 통솔하고 지도하는 승려
※ 도요법 : 도의 가장 요긴한 가르침

살아있는 부처가 먼저 먹어야지

1960년대는 참 가난한 시절이었다. 마을도 절집도 사는 것이 형편없었다. 그래서 대부분의 수좌들은 자기가 먹을 양식을 탁발한 다음에 선방으로 가지고 가서 한 철씩 정진을 하였다.

그 당시 17살 된 법와라는 수좌가 극락암 선원으로 왔는데, 다들 너무 어리다며 '받지 말자'고 했다.
"온 것을 어찌 보내느냐? 있게 해라."
스님의 자상한 배려로 있게 된 이 어린 수좌는 장난이 매우 심한 개구쟁이였다.

하루는 수좌들이 공부를 하고 있는데 법와가 큰 대야에다 꿀물을 가득 타 와서 '잡수라'고 하였다.
수좌들이 '공양이 들어왔나 보다' 생각하고 한 잔

씩 맛있게 먹었는데, 경봉스님이 안 계신 사이에 스님 방(삼소굴)으로 몰래 들어가 훔쳐 와서 타준 것이었다.

다른 어른 같으면 쫓아내었을 일인데, 스님께서는 야단 한 번 안 치고 조용히 넘기셨다.

또 어느 날은 법와가 불공에 쓰기 위해 부처님 전에 올려놓은 참외 등의 여러 가지 과일을 한가득 선방으로 가져왔다.

"스님들, 이것 잡수세요."

수좌들은 또 '특별 보시가 들어왔나 보다' 하면서 깎아 먹었는데, 조금 지나자 난리가 났다. 헌병 출신의 원주가 불공을 위해 시내까지 걸어가서 산 다음 지게에 지고 가져온 과일인데, 맹랑한 법와가 몽땅 가져가 스님들을 대접한 것이다.

야단을 치고 고함을 지르는 소리가 나자 스님께서 그 자리로 오셨다. 그리고 전후 사정을 들은 다음 말씀하셨다.

"조용히 해라. 살아있는 부처가 먼저 먹어야지."

스님의 이 한 말씀에 사건이 순식간에 잠재워졌을 뿐 아니라, 수좌들에게 큰 자부심까지 심어 주었다. 수행자를 부처님으로 인정한 것이다.

스님께서는 그 재를 지내러 온 이들에게 말하였다.

"생불生佛들을 먼저 공양시켰으니 이 얼마나 좋은 일이냐? 조금만 더 기다려라. 다시 장을 보아 재를 지내도록 하자."

그리하여 늦게 재를 지낸 일이 있었는데, 스님의 이 한 말씀은 재를 지내러 온 이들에게 큰 환희심을 심어 주었다.

극락선원 망년회

1980년 한 해를 보내면서 극락암 선방 스님들이 담론하였다.

"우리도 망년회를 하자."

"아니다. 수좌(참선 수행자)가 무슨 망년회?"

이렇게 의견이 양분되어 시비가 벌어지자 한 수좌가 말하였다.

"조실스님의 결정에 따르자."

그들은 경봉스님을 선방으로 모셨고, 스님께서 이르셨다.

"본래 우리나라 절에서는 구정이 되면 며칠 쉬는 전통만 있고, 신정에는 쉬지 않는다. 그런데 중국 선방에서는 스님들이 공부를 하다가 몸이 피곤하고 객기가 나면 그것을 풀기 위해 잠시 쉬는 경우가 있었다.

결제를 하여 정진할 때는 해제 때까지 쉬지 않고 쭉 해나가면 좋지만, 쉬고 싶은 생각이 있다면 하루쯤 쉬어가는 것도 괜찮다. 굳이 망년회 핑계 댈 것 없이, 양력으로 새해가 밝아오니 하루 쉬도록 해라."

스님은 특별 음식을 준비하도록 이르셨고, 음식을 차려 내어오자 말씀하셨다.
"멋지게 한 판 놀아라."
그날 대중은 특별회식을 먹으면서 멋지게 놀았다.

※ 이처럼 스님께서는 된다·안 된다가 아니라, 한 마디에 모든 시비를 가라앉히고 화해를 시킴은 물론이요, 새로운 힘까지 불러일으켜 주는 재치가 남다르셨다.

불이 난 극락암

1965년 겨울, 극락암 후원에 있는 요사채에서 불이 났다. 그 요사채에는 젊은 승려와 행자들이 거처하고 있었는데, 한 행자가 밤늦게 집에 보낼 편지를 쓰다가, 촛불을 켜놓은 채 밖으로 나온 것이다.

방선放禪(참선을 끝냄)을 하고 막 잠자리에 들고 난 다음에 불이 났으므로 모두들 정신을 못 차렸고, 나무로 지은 집이라 불길은 삽시간에 번져나갔다.

그때 스님께서는 불난 곳으로 나와 아주 침착하게 일일이 지시하셨다.

"너는 물을 떠서 이리 가고, 너는 저리 가서 불을 꺼라. 그래그래. 잘한다."

스님은 칭찬하는 것도 잊지 않았다. 스님의 침착

한 대처 덕분인지 불은 옆 건물로 번지지 않았고, 큰 피해를 면할 수 있었다.

"모두 욕봤다. 얼른 들어가서 자거라!"

불을 다 껐을 때 하신 스님의 한마디에 다들 편안한 마음으로 잠자리에 들었으며, 그다음 날에도 스님은 누구를 야단치거나 잘잘못을 전혀 따지지 않으셨다.

수박 사건

60년대에는 교통이 매우 불편하여 극락암에서 재를 지내려면 신평 장에 걸어 내려가서 쓸 물건을 준비해와야 했다.

어느 더운 여름날, 승려 둘이 신평 장으로 가서 재 지낼 때 올릴 수박 15개를 샀다. 이를 지게에 짊어지고 극락암으로 향한 두 승려는 구슬땀을 흘리며 극락암 직전의 오르막길까지 올라와서, 지게를 세워놓고 잠시 쉬면서 숨을 고르고 있었다.

그런데 갑자기 크게 몰아친 바람 때문에 지게 작대기가 풀려 버렸고, 지게가 넘어지면서 순식간에 수박이 경사진 길로 굴러내려 가면서 산산조각이 나버렸다.

'재를 지내야 하는데….'

어쩔 줄 몰라 하며 빈 지게로 극락암에 도착하자 스님께서 물었다.

"수박 우쨌노?"

두 승려가 매우 죄스러워하면서 자초지종을 아뢰자, "알았다"고만 하신 다음, 재를 시작하기 전에 대중들에게 이르셨다.

"오늘 49재에는 수박이 있으면 안 된다. 수박이 있으면 영험이 없다."

다소의 내용을 알고 있었던 재주齋主들은 스님의 말씀을 흔쾌히 받아들여 기쁜 마음으로 재를 지냈다.

극락암 정기법회

 사부대중을 위한 극락암 정기법회는 매월 첫 번째 일요일에 정기적으로 열렸다. 이 정기법회는 스님의 상좌인 원산圓山이 도감을 볼 때 시작되었다.
 당시 극락암에서 정진하겠다고 찾아오는 수좌들은 많은 데 비해 극락암 살림살이는 넉넉하지 못하였다. 하는 수 없이 스님께서는 "금년에는 양식이 없으니 내년에 오너라"하시며 수좌들을 돌려보냈다. 이를 보다 못한 도감 원산은 고민을 하다가 말씀드렸다.

 "한 달에 한 번씩 정기법회를 열어서 대중들에게 스님 법문을 들을 수 있게 해주시고, 극락암의 재정 기반도 튼튼히 하면 좋지 않겠습니까?"
 경봉스님께서 쾌히 승낙을 하자 도감 원산은 신

도회를 구성한 다음 정기법회를 시작하였다.

이 정기법회는 1973년부터 시작해서 10년 가까이 계속하였는데, 대중의 수가 적게 와도 600명, 보통은 1,000명, 많이 올 때는 1,700명이 넘었다.

전국에서 모여든 사람들이 통도사 입구에 버스를 대고 극락암까지 걸어서 오르는 행렬은 장관이었고, 그 행렬을 보고 환희심을 내는 이도 많았다.

더욱이 쉽고도 걸림 없이 설하시는 스님의 법문, 환하게 미소 짓는 노스님의 표정, 진리 가득한 말씀 등등이 동참하는 대중들을 그지없이 환희롭게 만들었고, 삶의 힘을 불어넣어 주셨다.

이날이 되면, 극락암의 후원도 눈코 뜰 사이 없이 바빴다. 법회에 동참한 1천 명 넘는 대중의 밥은 하루 종일이라도 하면 되지만, 반찬이 문제였다. 반찬은 아무리 많이 준비해도 바닥나기가 일쑤였다. 급한 대로 장독대에 있는 된장과 고추장을 퍼다가 맨밥과 함께 먹도록 한 것이 한두 번이 아니었다.

이 정기법회에서 설하신 스님의 법문을 한 달에 한 번씩 얇은 소책자로 만들어 보급을 하였으며, 소책자의 글을 모아 스님의 법문집인 『법해』·『속법해』 등의 법문집이 나오게 되었다.

가까이에서 모셨던 이들은 '이 모두가 스님의 도력道力과 원력願力에서 비롯되었다'며 늘 찬탄하였다.

나를 떠나는 아리랑

 스님께서는 간혹 법상에서 노래를 부르셨다. 특히 법문 말미에 대중공양을 내어오면 맛있게 드신 다음에, '쾌지나 칭칭 나네'나 '아리랑'을 부르셨다.

 "떡과 과일을 맛있게 잘 먹었다. 내 아리랑 노래로 공양에 보답하겠다."
 "아리랑~ 아리랑~ 아라~리요~
 아리랑~ 고~개~를~ 넘어간다."
 "내, 이 대중공양이 목에 걸리지도 않고 소화도 잘되게 하기 위해 아리랑 노래를 부른 것이다.
 나를 떠나는 아리랑我離郞! 목구멍은 '나를 떠나는(잊는) 아리랑 고개'이다. 목구멍만 넘어가면 모든 맛을 떠나게 되듯이, 나를 잊고 모든 분별을 떠나면 도가 무르익게 되느니라."

칭찬

스님은 작은 일에도 칭찬과 찬탄을 잊지 않으셨다.

한 예로, 동주수좌(원명스님)는 스님의 직계 상좌가 아니지만, 스님 말년에 극락암선원에서 여섯 철을 산, 자칭 '경봉스님께 중독된 중'이었다.

동주수좌는 염불 작법을 잘하는 유명한 어산魚山(범패승)으로, 극락암 정기법회 때마다 법문을 청하는 청법게를 구성지게 하였는데, 청법게가 끝나면 스님께서 법상에 오른다. 그리고 이르시는 첫 말씀.

"오늘 동주수좌가 좋은 소리로 청법請法을 잘한 것으로 법문을 다 마쳤다."

늘 이렇게 칭찬으로 법의 문을 여는 노스님의 즐거워하는 모습에 모든 대중은 환희심으로 법회에 임하였다.

휴급소와 해우소

스님께서는 극락암의 소변보는 곳에 '휴급소休急所'라는 명패를 달았고, 대변 보는 곳에는 '해우소解憂所'라는 명패를 달았다.

그리고 휴급소에는 '급한 마음을 쉬어가는 곳'이라는 설명을, 해우소에는 '무거운 마음을 내려놓고 근심걱정을 푸는 곳'이라는 설명을 달아놓으셨다.

"아무리 바쁜 일이 있어도 오줌이 마려우면 소변부터 보아야지 별수가 있나. 그러므로 소변소에서 급한 마음을 좀 쉬어가라는 뜻으로 휴급소休急所라 하였다.

그리고 음식을 먹을 때는 좋지만 배에 가스가 꽉 차 있으면 배설을 시켜야 속이 편하고 좋다. 배에도 하찮은 가스가 꽉 차 있으면 불편한데, 마음 가운데에 차 있는 못된 생각, 하찮은 생각, 어두운 생각을 확 비워버려야 한다. 그래서 대변소를 해우소解憂所로 이름 지은 것이다.

대변·소변 보는 일이 대수롭지 않게 생각될지 모르나, 절대로 그렇지 않다. 여기에 인생의 큰일과 근본 문제와 생사 문제가 달려있다. 이 대소변 보는 데 아주 큰 진리가 있는 것이다.

아무리 급한 일이 있어도 마음만은 쉬어가라,
정말 급한 것은 내 주인공 찾는 일이다.
하루에 한 번씩만이라도 내 마음에 하찮은 생각이 있나 없나를 살펴보아라."

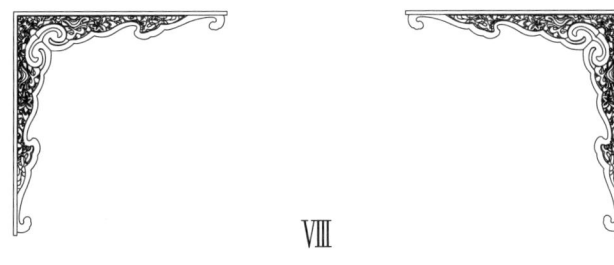

VIII

앞일에 대한 예지·예언

불교회관을 대웅전보다 높이 짓지 말게

1970년대 초, 대한불교조계종 총무원에서는 서울 조계사 대웅전 뒤쪽에 불교회관 건립 불사를 추진하였다. 총무원장이었던 청담스님은 이 불교회관을 총 12층으로 건립할 예정이었으나, 1971년 11월에 열반에 드셨다.

1972년에 고산스님은 조계사 주지로 취임하여 12층 불교회관 공사를 시작하였는데, 조계사로 온 경봉스님께서 간곡히 만류하셨다.

"이 사람, 고산! 절대로 불교회관을 조계사 법당보다 높게 지어서는 안 되네. 만약 법당보다 높게 짓게 되면 온 세계가 떠들썩해질 시비가 끊임이 없게 되네. 절대로 3층 이상은 짓지 말게. 절대로."

스님을 매우 존경했던 고산스님은 그 말씀을 따

라 3층까지만 지었다. 그런데 경봉스님께서 열반에 드신 후인 1990년경에 2층을 더 올려 5층으로 증축을 하였다.

그때부터 크게 시끄러워지기 시작하여, 1994년과 1998년, 1999년에 총무원장 선출과 관련하여 조계종이 크게 분열되기 시작하였고, 승려들이 싸움을 하다가 건물에서 떨어지는 등, 국내만이 아니라 전 세계에까지 놀라게 만드는 사건이 일어났다. 그리고 소소한 사건들도 끊이지 않았다.
 경봉스님의 예언처럼 된 것이다.
 그 뒤 2002년에 총무원장 정대스님이 불길한 이 불교회관 건물을 헐어버리고, 조계사 법당보다 낮게 지하 4층 지상 4층의 한국불교역사문화기념관을 건립하여, 현재까지 큰 탈 없는 나날을 보내고 있다.

큰 불사를 할 때 내 글씨가 필요할 거야

 스님께서는 91세 되던 1982년 7월에 열반에 드셨는데, 89세 되던 해에 상좌 원산圓山이 극락암 살림을 맡아 사는 도감을 다시 맡게 되었다.

 노쇠한 경봉스님은 글씨를 써달라고 사람들이 부탁하면 힘들어하면서도 자비심으로 써주셨기에, 원산스님도 부탁을 드렸다.

 "저도 글씨 하나 써주십시오."

 "너는 나중에 받아라."

 스님께서는 늘 뒤로 미루며 써주지 않았는데, 어느 날 도감인 원산을 불러 이르셨다.

 "너는 앞으로 큰 불사를 할 일이 있을 것이다. 그때가 되면 내 글씨가 필요할 거야. 그러니 매일 저녁에 먹을 갈아두었다가 아침에 가져오너라."

원산이 부지런히 먹을 갈아 아침에 먹물을 갖고 가면, 엊저녁에 기운이 없어 힘들어했던 스님께서는 청년처럼 힘을 내어 글씨를 써주셨다. 일명 '팔운동'이라 칭하셨던 붓글씨를 쓰신 것이다.

이렇게 매일 7~10장씩 써서 한 달가량 받은 글씨가 2백 점가량 되었는데, 그 당시에는 원산에게 어떠한 불사를 하겠다는 꿈이 없었다. 그런데 무려 30년이 지나 정말 큰 불사를 할 인연이 생겨났다.

원산스님은 부산 연제구에 있는 '하얀연꽃절'을 기증받았는데, 그 땅이 2018년에 공원 부지에서 해제가 된 것이다. 이때 원산스님은 깨달았다.

"아! 스님께서 '하리라'고 하셨던 불사가 바로 이것이었구나. 이곳에 사찰을 중건하고 경봉스님기념관을 지어 글씨를 전시하는 불사를 시작하리라."

현재 원산스님은 그 예언대로 불사를 추진하고 있다.

불공 두 번에 사라진 뇌종양

극락암 신도의 아들 머리에 악성종양이 생겼다. 여러 병원을 찾아다니면서 고치려고 애를 썼지만 쉽지가 않았다. 계속 아파하고 괴로워하는 아들을 대하면서 어머니는 경봉스님을 떠올렸다.

'스님께서 기도를 해주시면 위안이라도 되지 않을까?'

스님께서는 간곡히 부탁하는 어머니의 마음을 받아들였다. 그리고는 찰떡을 만들어 부처님 전에 올려놓게 하였고, 불공을 할 때 직접 축원하고 기도를 해주셨다. 그런데 찰떡이 축 늘어지는 것이었다. 그것을 보고 스님께서 이르셨다.

"저 떡이 저렇게 축 늘어진 것을 보니 불공이 잘

되었구나. 보살의 소원이 성취될 것이다. 한 번만 더 불공을 올려라. 아들이 쾌차하리라."

보살은 그 말씀을 받들어 두 번째 불공을 드렸다. 그러자 기적이 일어났다. 수많은 병원에서 손도 대지 못하였던 아들의 머릿속 종기가 깨끗이 사라진 것이다.

이 소식을 들은 이들은 스님의 불공 영험에 크게 환호하였다.

※ 이러한 영험담은 수없이 많지만, 스님의 큰 모습에 그다지 도움이 되지 않는다고 느껴져 하나만 소개를 함.

3일 후에 갈란다

 스님께서는 열반에 들기 한 해 전인 1981년 음력 5월 25일, 후원의 공양주 보살을 불러 이르셨다.

 "3일 후(음력 5월 27일)에 갈란다. 오늘부터는 공양을 올리지 마라."
 "예? 무슨 말씀입니까?"
 "내가 3일 후에 가거들랑, 장례는 오일장으로 해야 한다."
 모두가 깜짝 놀라 '그러시면 안 된다'고 하였다. 그때 극락암은 한창 법당 신축 불사를 하고 있을 때였다. 도감을 맡고 있었던 상좌 명정은 급히 달려와 스님의 머리맡에서 애원을 했다.

 "스님 무슨 말씀이십니까? 그럼 지금 하는 불사

는 어떻게 합니까? 저는 못 합니다. 스님께서는 가만히 누워만 계셔도 불사가 되지만, 스님께서 안 계시면 이 불사는 절대로 안 됩니다. 저보고 어떻게 하라고 가신다고 하십니까? 안 됩니다, 스님."

상좌 명정은 한참을 엎드려 애원을 하다가 손가락 하나를 세웠다.

"스님, 딱 1년만 더 계시다가 가십시오. 제발!"

끝없이 매달리는 제자들의 청을 뿌리치지 못한 스님은 마지못해 이르셨다.

"내가 1년을 더 살고 가면, 그 1년은 내 삶이 아니다. 왜 1년을 더 있으라고 하느냐?"

그리하여 스님은 세연世緣을 1년 더 연장하셨는데, 가시고자 했던 열반의 시기 3일·7일·보름 정도 늦춘 고승들은 더러 있었지만, 스님처럼 1년까지 늦춘 경우는 알려진 바가 없다.

그리고 '그 1년은 내 삶이 아니다'라고 말씀하신 것처럼 그날부터 바깥출입을 일절 하지 않고, 방에서만 맑은 정신으로 편안히 지내시다가, 하루도 어김없이 꼭 1년이 지난 음력 5월 27일(양력 7월 17일)에 열반에 드셨다.

생사대자재生死大自在의 대도인이 아니면 보일 수 없는 일이다.

죽은 뒤의 놀랄 일

스님께서는 1982년 7월 17일(음력 5월 27일) 4시 25분에 91세의 나이로 열반에 드셨는데, 생전에 가끔 말씀하셨다.

"내가 입적한 뒤에 크게 놀랄 일이 있을 것이다."
열반에 드신 스님의 법체法體는 통도사 극락암에 모셔졌는데, 5일 동안 치러진 장례식에는 2백만 명의 조문객이 문상을 왔으며, 영결식 당일에는 경찰 추산으로 15만 명, 언론에서는 30만 또는 50만 명이 모였다고 보도했다.

실로 입적을 조문하러 온 승속들로 통도사 일대의 찻길은 사람들로 가득 채워졌다. 그야말로 인산인해였다. 통도사 입구 신평 부락부터 극락암으로 이어지는 길은 다 조문객으로 메워졌다.

영결식 날인 7월 21일은 아주 더워서 길을 걷기조차 힘들었는데, 그날은 극락암에서 통도사 다비장으로 내려가는 길이 만장輓章으로 가득 이어졌다.

운구의 앞에 서서 만장을 들고 가는 수많은 스님들의 행렬은 끝이 없었고, 그 뒤를 따르는 신도들로 가득 채워진 길은 땅이 보이지 않을 정도였다.

당시 가뭄 때문에 통도사 앞 개울이 모두 말랐으므로, 불자들은 그 개울까지 내려가서 스님 가시는 길을 지켜보며 '나무아미타불'을 염불했다.

통도사 일대는 몇 달 동안 계속된 마른 가뭄으로 논이고 밭이고 물이 없어 타들어 가고 있었다. 농사를 포기할 정도로 가물었다. 그리고 다비식 행사를 거의 다 마친 후에, 불을 붙이는 의식인 거화擧火를 할 때까지는 파란 하늘에 해가 쨍쨍한 날씨였다.

그런데 화장하는 연기가 하늘로 올라가기 시작하자 갑자기 하늘에 검은 구름이 피어오르더니, 큰 천둥번개와 함께 폭포수 같은 소나기가 세차게 쏟아졌다. 커다란 물동이로 물을 퍼붓듯이 30분 동안 엄청나게 비가 내렸다.

특이한 것은 장대 같은 소나기가 다비하는 곳을 중심으로 통도사 일대와 언양 쪽 일부에만 온 것이었다.

사람들은 기쁜 마음으로 '스님께서 주시는 큰 선물'이라며, 그 비를 피하지 않고 온몸으로 맞고 있었다.

충분한 비가 내리고 그치자 또렷한 무지개가 솟아올랐는데, 그 무지개는 다비장에서 스님께서 사셨던 극락암에까지 이르는 엄청난 크기였다.

영결식에 온 모든 이들은 다 환희로운 모습으로

비를 맞고도 무지개를 보면서 두 손을 모으고 하나같이 '기적'이라 하였으며, 죽음의 슬픔보다는 입적의 자유로움과 스님의 자애롭고 크나큰 세계 속으로 더욱 깊이 잠겨 들었다.

이 시대의 대도인으로 추앙받았던 경봉큰스님.

'우주가 다 들어가고도 남을 지경으로 마음을 넓게 가지고 사바세계를 무대로 삼아 연극 한바탕 잘해야 한다'고 늘 당부하셨던 경봉큰스님.

스님의 자비로운 모습은 이제 뵈올 길이 없고 카랑카랑한 음성은 영축산곡에 묻혔지만, 참 생명의 빛을 찾는 이의 마음속에는 언제나 스님이 계시고, 그 음성은 원음圓音이 되고 일음一音이 되어 영원히 모두의 마음속에 흐르고 있습니다.

스님께서 보여주셨던 수많은 일화 가운데 일부를 엮어 세상에 내어놓으면서, 감히 부탁을 해 봅니다.

극락암 전경

 '재미있네. 잘 읽었어' 하며 책꽂이에 꽂아버리지 말고, 옆에 두어 읽고 또 읽으시기를! 주위의 분들께 일독을 권해주시기를!

 그리고 그분들께 두손 모아 축원을 드립니다.

 '이 일화를 새기며 한 생각을 돌이켜서 꼭 깨어나시기를!' 나무마하반야바라밀

엮은이 김현준 분향 삼배